算利教官教你

存股利滾利
年年領百萬

楊禮軒◎著

Chapter1》致富軌跡　童年就有賺錢腦

Chapter2》存股教學　挖對標的翻倍賺

Chapter3》實例分享 抓對加碼好時機

Chapter4》**算利精髓 錢滾錢加速翻身**

讓「複利」威力極大化
實現提早退休夢想

我常說：「要讓我的每一塊錢都幫我賺錢。」後來我發現有人更厲害，他不僅僅是讓他自己的每一塊錢都替他工作、幫他賺錢，他還用別人的錢幫他賺錢。沒錯！他就是算利教官──楊禮軒。

楊教官和我也算有緣，我們分別是《Smart 智富》月刊第 192 期和 193 期的封面故事人物。我第一次在臉書（Facebook）遇到他的時候，就覺得他非常「熱情」，即便我們是素昧平生、連個面都還沒見過，我請教他股票借券信託的問題，他二話不說馬上打電話給銀行，請銀行專員跟我聯絡，高效率就如同「高鐵加上 Turbo」一樣快速。他每次將股票出借、成功賺取利息都要感謝銀行，而我現在每個月有 1 萬 6,000 元的借券收入，也都要感謝楊教官。

像我們這種股癡，當然滿口都是股票經，我們馬上相約在新

竹縣關西的六福莊餐廳。他說他夏天會去賣冰棒、出租冰桶，他還有收租的資產、擁有很創新的金錢概念。他利用銀行的低利貸款，去創造更多的現金；他存股票，當績優公司的股東，每年穩穩地領股配息，而且眼見為憑──對於自己投資的公司，一定要親眼看到公司的運作情況，更別說是詳閱公司財報、計算公司有多少資產，並做出分析，我看沒有一個股東會像他這麼認真的。他還參加公司股東會，針對公司經營狀況提出建言，甚至有公司大老闆被他感動，送他飯店住宿招待券，這對我來說簡直是天方夜譚。

現在教官終於完成了他的第一本書，我有幸能為此書寫序。我發現原來他 10 歲就開始做生意了，雖然第一次賠錢，卻為日後的「事業」奠定了厚實的基礎。

為了分擔家計，他在學校賣可樂、賣汽水、賣零食，從小就去賣炮竹，出租電視遊樂器……雖說是時勢造英雄，但有些人天生就有生意頭腦。像股神巴菲特一樣，巴菲特 15 歲靠著送報賺來的錢，買了 40 畝農地出租，17 歲就販賣二手高爾夫球、在理髮廳擺設彈珠台讓消費者在等待的時間可以消費……各位讀者發現了嗎？這就是用錢來賺錢，這就是「複利」。

俗話說「魔鬼藏在細節中」，教官更有一雙銳利的眼睛，對於藏在財報裡的魔鬼，都能把它揪出來，這也是令我非常佩服的地方。對於教官，我一直有一種相見恨晚的感覺，因為我們都不做短線交易，我們都是長期持有績優公司的股票，讓這些好公司幫我們賺錢。現在他退休了，常常陪伴家人，與家人共享歡樂時光，這是一個投資者夢寐以求的最高境界。

有人說投資股票風險很大，但大家知道什麼是風險嗎？把錢放在自己不懂的地方才叫做風險，不論您投資股票多久時間，您都該了解算利教官如何把風險降到最小、如何把獲利放到最大。等您看完這本書，相信您也會有和教官相見恨晚的感覺。

《流浪教師存零股 存到 3000 萬》作者

周之偉

讓每一塊錢「分身」成好幾塊錢 來幫你賺錢

我跟楊教官都是軍公教人員，照理說，我們的薪水跟退休金都是最穩當的，但是我們兩個人卻都積極地理財，不敢指望政府。因為，我們曉得政府的軍公教人員退撫基金，潛藏著破產的危機。

政府會破產？癥結就在於「少子化」，像是我這一代的5、6年級生（出生於民國50、60年代），每一年的新生兒超過40萬人。但是最近幾年只有以前的一半，每年的新生兒只有20萬人左右。可想而知，未來工作跟繳稅的年輕人會愈來愈少，但是領退休金的老人卻愈來愈多，入不敷出之下，能夠不破產嗎？

連軍公教都擔心退休金不保了，那麼一般上班族的勞保、勞退與國民年金呢？當年輕人逐漸減少之後，經濟活動（賺錢、繳稅、消費……）的能量也會減少，政府的稅收與企業的獲

利，還足夠支付你的退休金嗎？其實很多的上班族，光是購屋租屋、生活花費、養兒育女……，都已經「住不起、活不起、養不起」了，還談什麼退休？

我有3個小孩，因為夫妻都要上班工作，只能將小孩往安親班送。當年我看著2歲大的小女兒，吃力地爬上安親班的娃娃車，內心只有無奈與不捨。我相信很多年輕的朋友也都有相同的感受。人生，就一定要為了工作而犧牲家庭，要為了家庭而犧牲夢想嗎？

有一回在臉書（Facebook）上面，看見楊教官發文：「請問中部的朋友，台中的天氣如何？」2個小時後，楊教官全家大小已經離開濕冷的北部，在台中陽光普照的公園裡，一張張親子和樂的照片，迅速地貼在網路上，羨煞了多少還關在公司的上班族啊！

楊教官在年紀輕輕的41歲就從軍中退伍，2個小孩陸續出生之後，楊太太也連續請了6年的留職停薪，全台灣數百家的民宿、風景名勝，統統成為他一家大小的遊樂場。老公退休、老婆留職停薪，一家四口盡情享受「有錢、有閒、有生活」

的人生。那麼錢從哪裡來？楊教官最廣為人知的絕活就是「算利」，「無中生有」就是絕招之一。

有一回我看到楊教官分享「信貸買股」的心得，一句「寫幾張文件就有錢賺」的話，讓我點頭如搗蒜。我馬上去申辦了80萬元的公教低利信貸，預計7年繳款結束後，每個月可以幫我產生1萬多元的零用錢。靠借錢來賺錢，這就是無中生有了。

除此之外，楊教官更有「多重影分身」的絕招，可以讓一塊錢「分身」成為好幾塊錢，放大乘數來幫他賺錢。他善用：1.買房、2.現金買股、3.信貸、4.房貸買股等方法，把每一塊錢都轉了好幾次；總共創造出4種收入：1.房租、2.股利、3.借券利息、4.房屋與股票的潛在資本利得。其中最令我佩服的，是楊教官可以將長期持股拿去做「借券信託」，額外獲取借券的利息收入。

善用理財知識，將手中的資產以及現金，拚命榨出額外的利潤出來，真的是不負「算利教官」的稱號。人只能夠活一次，誰不想自由自在地享受人生呢？「財富自由」可以將你從狹小

苦悶的辦公室解放出來。嫌冬天的台灣太冷，馬上飛到澳洲海灘曬太陽；嫌夏天的台灣太熱，就到阿拉斯加賞雪看極光。

想要擁有這樣的人生，建議讀者先熟讀此書。只要能夠學會「算利教官」的獨門絕學，讓每一塊錢「分身」成為好幾塊錢來幫你賺錢，你也可以像教官一樣，提早 20 年退休，每天煩惱「明天要到哪裡去玩？」

《6 年存到 300 張股票》作者

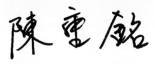

積極求知且及早投資
我41歲提早退休

　　2015 年 8 月，新聞又開始出現「軍公教退撫基金即將破產」的報導，我品味著手中的拿鐵咖啡，一點也不覺得不安。看著手裡的股息入帳通知單，我知道，8 年前我所做的改變決定，讓我現在得以不用擔心未來的生活，即使軍公教退撫基金真的在幾年後破產，對我的生活品質也不會有影響。

　　在人生的道路上，我感謝父母對我一路的栽培。我的父母是工廠上班的藍領階級，學歷及收入也不高，但是他們總是盡量把最好的留給孩子，教導我們為人處世的道理。只是，看著他們一輩子辛勤工作，退休後卻沒有固定收入作為保障，讓我在求學時期就下定決心，一定要選擇一個有終身保障的工作。

　　我選擇了軍人作為終身職業，軍旅生涯雖然辛苦，但是有保障。我也感謝國家讓我衣食無虞地完成學業，並給我一份收入穩定的工作。只是國軍員額走向精簡，從 50 萬大軍一路裁減，

退撫基金的收支缺口也愈來愈大。再觀察到近年國內景氣與工資水準持平甚至衰退，我思考著，該如何能夠有穩定的被動收入，確保未來退休生活無虞？

在研究各種投資機會之後，原本將每月薪水用來繳房貸的我，從 2007 年開始買進高殖利率股票，當起股市包租公，並搭配低利房貸的套利操作，漸漸出現成效。後來又辦理借券信託，讓長期持有的股票再為我多賺一些利息。2014 年，我領到的現金股利加計股票股利的價值，達到 100 萬元；在估算未來家庭收支不成問題後，2014 年 8 月我正式退休，這年我41 歲。

投資股票的路途上是寂寞的，過去，跟旁人提到股票時，大家總是嗤之以鼻，把我的話當空氣。更因我的持股都是冷門股，當大家聽到我說的股票時，所表現出來的更是一副「看你什麼時候破產」的表情；更不用談我借低利房貸，拿去買高殖利率股票賺利差，多被視為風險太高的投機行為。

一般人對於不懂的事物，都害怕去了解，但我認為，唯有多聽、多看，並且透過自己的理性分析，才是正確的態度。每個

人適合的投資方法各有不同，但在尚未仔細了解之前，又怎麼可以先投下反對票、將一個可能的成功機會拒於門外呢？

我很感謝合作金庫銀行龍潭分行石襄理在我投資的道路上，給了我許多的幫助與資訊；另外，我也非常感謝許多投資社團裡面的前輩，幫助我釐清許多投資的觀念與做法，使我投資的路上不再孤單。

感謝《Smart 智富》月刊，協助我分享我投資理財的想法。在我投資達到年收現金及股票股利達百萬時，我一直期望能夠有機會分享我的想法，直到我遇見了《Smart 智富》的主筆郭莉芳，透過她細膩的文筆，才得以忠實展現出我的投資精髓，並且在 2014 年 8 月成為當期月刊封面故事的主角。

最後要感謝我的太太，在股票投資的路上，她從懷疑、恐懼（2008 年金融海嘯時期）到信任，一路上還是默默地支持我；也因為我們對家庭共同的重視，與被動收入的支持，我太太得以留職停薪近 6 年的時間，專心陪伴我兩個寶貝女兒。

退休迄今也一年多了，退休後每年薪資收入少了 70 萬元，

但是因為花費也變少，因此實際的結餘並沒有減少；更重要的是，一家人的幸福時光無價！

　　剛開始籌備這本書時，有很大一部分是用手機一字一句打出來的，因為我不想犧牲陪伴女兒旅遊的時光。我會運用旅遊的零碎空檔，拿著我的手機一字一句記錄下來；我也經常在深夜兩個女兒入睡後，慢慢用筆電寫下我的投資歷程。所以這本書當中，有我投資8年來的心得，也交織著女兒帶給我的歡樂。

　　投資讓我得以在壯年之際提前退休、全心照顧家庭。我很希望這本書的誕生，能讓更多讀者認識到不一樣的投資觀點，找到及早達成財務自由的機會。

算利教官

楊禮軒

Chapter 1

致富軌跡

童年就有賺錢腦

父母以身作則
傳承「付出才有收穫」理財觀

　　我的爸爸來自新竹峨眉的山上，媽媽來自苗栗縣卓蘭鎮白布帆（這是溪邊的沖積平原），他們都僅有國小學歷，婚後就北上求職。自我有記憶以來，我們全家住在父母親一起工作的三重公司宿舍；爸爸是工廠的工人，媽媽則一個人接下整間公司的伙房工作。

　　平常，媽媽一邊煮公司的伙食，我和哥哥就在旁邊的餐廳或陽台玩。有一次，她發現我不見了，正準備找我時，有個路人跑到 2 樓跟我媽媽說：「妳兒子掉下來了！」原來我從陽台跌下去，還好毫髮無傷。

　　因為父母親平日、假日都得工作，所以假日的時候，都是公司的其他員工帶著我們兄弟倆出去玩。我還記得，以前搬家的時候，發現家裡面有很多小女生的露背裝跟裙子，問媽媽是怎麼一回事？才知道，原來我小時候的皮膚很白，所以工廠的阿

姨們都喜歡帶我去買小女生的衣服，幫我擦口紅、穿露背裝跟裙子，然後再帶出去玩。當然，我確定這對我的性向沒有任何影響。

一家四口雖擠在木板隔間套房，卻倍感幸福

我4歲時，父母親任職的公司，因為董事長家族分家產問題而結束營業。父母親帶著我們到處找工作，當時到了台北縣土城市（編按：現已升格為新北市土城區）的一處工業區，沿路進去問：「有沒有缺工？」最後找到了位於土城大暖路的公司（編按：現在鴻海總部後方）。

因為公司沒有員工宿舍，我們就向山腳下的雜貨店，租了豬舍旁邊的一間木板隔間套房，一家四口住在那間只有一張床、以及達新牌組裝式衣櫥的擁擠房間裡。現在講起來，好像以前過得很辛苦，其實在父母親的關愛下，我的童年記憶還是非常幸福。

對於居住環境，坦白講我沒什麼印象。只記得，有一次發現父親結婚時穿的西裝在床頭櫃裡，被老鼠咬爛了；我跟哥哥看

到一窩小老鼠，非常開心，還把牠們當寵物把玩，想當然耳，被爸媽發現後臭罵了一頓。

看父母辛苦養家，兄弟貼心打工補貼家用

我的父親理財觀念非常保守，總是自己省吃儉用，卻把最好的留給我們兄弟。而母親對於沒有自己的房子有很大的危機感，就偷偷在土城訂了一間預售屋。

父親知道這件事，還對母親大發雷霆，父親擔心沒辦法負擔房屋的貸款，而母親是認為，現在不買，未來房價只會愈來愈貴（事實證明母親的做法是對的，當年總價30萬元買的房子，後來市價超過 1,200 萬元），在我國小時期，我們就搬到了完工的新房子。

母親從小就很重視我們的家庭教育，為了能夠陪伴我們並且補貼家庭收入，在那個「家庭就是工廠」的年代，她選擇做車縫衣服、人力手拉機械織毛衣，以及家庭手工，這樣就可以同時照顧我們兄弟倆。所以從小我和哥哥有空時，就陪著母親做塑膠花、縫雨傘、摺紙盒。而父親為了養這個家，經常在工廠

加班，尤其為了獲取更高的薪資，他常上大夜班，甚至是 16
小時的班，一路把我們拉拔長大。

雙親的辛勞，我們都看在眼裡，我們兄弟倆也經常去附近的
資源回收場，做電子零件廢棄物的分類，或者撿拾玻璃瓶去雜
貨店換零錢，希望多多少少貼補家用。換到的錢也許不多，但
讓我們自小就體認到，有付出才有收穫。

當我們幫忙做手工或者做家事，母親也會給一些金錢的獎
勵。我們兄弟一人有一個豬公撲滿，母親讓我們選擇，要放在
撲滿或是買零食。小時候，存錢觀念自然是淡薄的，有時候我
還會偷挖自己的豬公，拿去買零食吃。而每次過年收到紅包，
母親也會說，幫我們存到郵局去，並且常常告訴我們郵局存摺
裡有多少錢；長大後，結算這筆郵局存的錢，雖然不多，但這
是第一筆屬於我自己的資產，看著存摺裡的數字，讓我感受到
有錢可以自由運用，真是一件好事！

10歲初次做生意，卻以破產收場

小時候我對於「賺錢」就很有興趣。第一次經商經驗是在

10歲，過年時買了一盒抽真錢的玩具，我很高興地拿去巷口開工做生意。結果，給客戶的獎金竟然超過我的總收入！當下我第一次感受到什麼是「破產」，我坐在攤位上哭，因為身上已經沒有現金可以付給最後一個抽到獎的客人，結果中獎的大哥哥也不跟我計較，沒跟我拿錢就離開了。

第一次做生意，我不但一毛錢也沒賺到，還虧了買那盒玩具的資金。從那時候我就知道——永遠別以為做生意一定穩賺不賠。

1-2
在校園裡也能嗅出商機
不放過任何賺錢機會

　　在國小時期，上學的徒步路程大約是半小時，中間有一段路會經過公墓。小時候，每次我一個人經過時，會很害怕地快跑通過，因為馬路側邊是一堆骨灰罈，還有不少墳墓向著馬路的方向。

　　這一區公墓距離我們住家不超過 500 公尺，經常有送葬隊伍經過；我們兄弟倆倒是對這些隊伍很好奇，常會跑到馬路上觀看。有些送葬隊伍很熱鬧華麗，請了很多樂儀隊，有些卻只是一輛車草草入葬。有次放學的路上，我看到草堆裡面有一雙草鞋，以為找到了古人的東西，很高興地打算把它帶回家；路上有個大人看到，告訴我，那草鞋是出殯抬棺的人穿的，嚇得我連忙把它丟了。

　　這樣的住家環境，讓母親一直相當擔憂。直到我國中二年級時，家裡房屋貸款繳完了，我們的經濟環境漸漸改善，因此父

母決定換屋,貸款在土城學府路買了一間房子,鄰近海山高工等學區,環境算是不錯。

原本的房子則是轉手賣出,總價以低於市價的 60 萬元,賣給一位土地代書。只是,老家賣掉之後,房價竟然又翻了 1 倍。原來那位土地代書知道公告地價將調漲,但沒讓我父母知道,還要我父母便宜賣他;實際上他自己低價接手,賺了一筆。父親後來曾説,這輩子最後悔的事,就是賣了那間房子。

我對這件事印象相當深刻,也因此在做任何財務資產的重大決定前,我都告誡自己,一定要收集充分的資訊後再做決策,避免造成遺憾。幸運的是,如今我們身處資訊發達的時代,收集各種情報相當容易。

學校、街頭、夏令營,都能擺攤做生意

國中二年級時,我們家開了一間家庭式雜貨店。當時我們國中的福利社,禁止販賣鮮奶以外的飲品,但是同學們都很想買汽水、可樂等飲料和零食,所以我就開始在班上做起了小小的生意。

　　我們班算是學校的 A 段班，早上 7 點前進入學校，晚上放學回到家已經是 10 點以後了。在那個沒有便利商店的年代，同學也沒有什麼機會去準備隔天的飲料跟零食，所以班上同學都會跟我預約。我每天回到家第一件事，就是把預約清單交給爸媽。第二天上午父親上班時，就會順路騎機車載著我，外加兩箱飲料、一大袋零食到學校。

　　當學校第一節下課，我的汽水跟零食就會銷售一空，這節下課 10 分鐘的營業額約 1,000 元，以零售毛利率 2 成來計算，我每天能幫爸媽淨賺 200 元（後來讀到股神巴菲特（Warren Buffett）小時候也曾賣可樂賺錢的故事，總能會心一笑）。我的小生意持續了 1 個月，最後被老師發現而勒令禁止。

　　過年時，我也曾經跟哥哥抱著一大箱炮竹到街頭販賣，炮竹的利潤很好，約有 3 ～ 5 成的毛利，過年期間的生意都很不錯。我們家在山腳下，有一次，發現有人把沖天炮沖進樹林裡，導致火燒山，消防車紛紛鳴笛趕赴現場滅火，讓我們兄弟倆嚇到不敢再賣了。

　　生意是人可以創造出來的。國中有一年暑假，母親送我們兄

弟俩去參加夏令營，出發前我們就在想，夏令營到了晚上一定很無聊，剛好家裡有一台任天堂遊樂器，還有一台 7 吋左右的 CRT 攜帶型小電視，於是我們就帶去參加活動。晚上，我們在寢室裡架設好遊樂器和小電視，開放給其他參加夏令營的同學玩，一次收費 5 元，生意還不錯！我們兄弟俩就這樣做了一次無本生意。

高中聯考時，一心想念公立高中的我，差了十幾分落榜，於是選擇了重考。我先到重考班上課，每天晚上 9 點以後才回到家。重考班補習費對爸媽而言，其實是個沉重的負擔，正常應該要念 1 年，但我只讀了 2 個月就不去上課了。我告訴爸媽，補習班教的我都會，自己回家讀就可以了，這段期間為了想補貼家用，我還到一間廟宇當過短暫的廟公。

許多人會感嘆自己沒有富爸媽、生活拮据，再怎麼努力工作，薪水還是原地踏步。但我認為，不富裕的環境，反而是一種激勵。只要有想賺錢的企圖心，要找到賺錢機會，並不是難事，端看你願不願意突破現狀、踏出下一步。

1-3
西餐廳打工奇遇
見證台灣錢淹腳目時代

　　第二次參加高中及五專聯考時，我的想法不同了，因為不想再過 3 年每天 K 書的生活，所以只參加了五專考試。放榜後，雖然我的數理都是滿分，但是我對工科沒興趣，可能因為父母都是做工的，這應該算是一種偏誤吧！最後我選擇就讀離家較近的致理商專（編按：現已改制為致理科技大學）國際貿易科。

　　就讀五專一年級的時候，我到台北縣板橋市（編按：現已改制為新北市板橋區）府前路的西餐廳打工，這間西餐廳格調滿高檔的，我的薪資 1 小時不到 60 元，工作十分輕鬆，大概每個小時只需要招呼 1、2 組客人，而老闆娘每天也都會來餐廳看看我們。

　　頭腦單純的我，完全沒有警覺到這家餐廳快要倒閉了。後來想想，一家餐廳每天都要開店，支付水電費、員工薪資，生意卻這麼冷清，關門大吉也是必然的事。

餐廳生意好壞，反映股市短線行情漲跌

第一家打工的西餐廳倒閉後，我又陸續到台北市林森北路與農安街口的韓式餐廳，以及對街的雪梨西餐廳打工，一直持續到五專畢業。在雪梨西餐廳工讀的期間，是 1990 到 1994 年，讓我見證了台灣錢淹腳目的年代。

那時候，在林森北路可以看到台灣最高貴的轎車、最漂亮的「貓咪」（酒店小姐），林森北路跟農安街有很多服飾店跟珠寶店，都是營業到凌晨；這是因為滿街的日本客人會帶「貓咪」去買衣服跟珠寶，日本客人離開後，「貓咪」就會把衣服跟珠寶退回去店裡換現金，在這個區域是共生共榮的生態。

雪梨西餐廳是農安街生意最好的 24 小時餐廳，周邊酒店林立，我們樓上是龍鳳城酒店，慶生醫院（當時以救治刀、槍傷聞名的急救醫院）也在同棟大樓，醫師跟員工經常來餐廳用餐。因為我們是高檔餐廳，而且當時普遍只有呼叫器（編按：俗稱 B.B.Call，一種無線電通訊工具，撥打呼叫器號碼，即可傳送數字或電話號碼訊息，可讓呼叫器主人依號碼回電），所以很多客人會在餐廳等電話。我常常拿著掛著鈴鐺的牌子搖

晃，上面寫著「某某酒店、幾號小姐、幾線電話」，西餐廳裡彷彿像是個大型的會客空間，我也常常遇見一些當時檯面上的知名人物。

我們餐廳有一張桌子，上面有一台有線電話，每天固定會有個客人，坐在那張他專屬的桌子，當作他的辦公室。他告訴我們老闆，每天會有很多客人來找他，找他的人會點餐跟飲料；電話費由他付，餐點費可以給餐廳補貼。在那個時代，就有人懂得利用餐廳作為行動辦公室，還省去了房租跟水電費。

當時可說是全民都在炒股，因為沒有智慧型手機跟看盤軟體，資訊來源以晚報最為普及。如果要判斷當天股市漲跌，最快的方式就是看下午收盤後餐廳的生意，只要股市大漲，餐廳就會客滿；股市暴跌，餐廳就是門可羅雀，可見當時炒短線的風氣很盛（短線賺錢就拿去吃吃喝喝）。

常看客人一擲千金，一度沾染揮霍惡習

在雪梨西餐廳打工，有很多有趣的經驗，至今仍歷歷在目。記得有天晚上，餐廳來了一位穿著貴氣的婦人。

貴婦説:「兩客沙朗牛排（每客 800 元）外帶。」

我問:「請問您的牛排要幾分熟？」

貴婦説:「我要生的。」

我説:「您一定非常肯定我們牛肉的品質喔！」

貴婦説:「不是，我是要拿回去餵狗。」

聽到這位貴婦的答案，我話都接不下去了，暗自嘀咕，怎麼不趁白天去市場買牛肉就好？居然來西餐廳買肉，有錢人的生活實在難以想像。但經過這麼多年的社會歷練後，我有點領悟到，也許這位貴婦的時間成本是很高的，可能白天時間所能賺的錢，遠遠高於買牛肉的差價，那我應該也會選擇後者。

也曾經有客人來我們餐廳點 3 杯可樂外帶，我們是高檔西餐廳，根本就沒有賣可樂啊！我趕快到吧台找了小黑師傅求救，他説:「我們隔壁不是有 7-Eleven 嗎？你去買一瓶易開罐可樂回來，不要給客人看到。」

於是我偷偷地跑去隔壁 7-Eleven 買了一瓶易開罐可樂，藏在衣服裡面帶進來，我擔心地問:「只買 1 瓶夠嗎？」，小黑師傅説:「沒問題。」接著拿了 3 個外帶杯，裝滿冰塊，

俐落地把可樂一一分裝進去，最後竟然還剩下 1 ／ 3 的可樂，他微笑地對我說：「剩下的給你喝。」

當時一瓶易開罐可樂，7-Eleven 賣 15 元，我們餐廳稀釋後弄成 3 杯外帶杯，總共賣 330 元，客人也很高興地付錢離開了。我心想，隔壁就是 7-Eleven，怎麼跑來這裡買可樂？果然是台灣錢淹腳目。

我們餐廳的咖啡價格區間在每杯 150 元～ 250 元之間，經常有客人一坐下來就陸續喝了 3 杯咖啡，至少得花 600 元──我必須打工整整 8 小時，才有 600 元薪水，但客人喝 3 杯咖啡就花掉了。

那個時期，我的品性沒有變壞，卻養成揮霍的習慣，吃飯要去西餐廳吃，吃水果、喝飲料也要去西餐廳，還會點瓜子來嗑。曾有一個下午，跟當時的女朋友（當然不是我現在這位賢內助啦）跑了幾家餐廳用餐，大餐加上水果就花掉了 6,000 元左右，現在想想真是不足取。如果當時認識陳重銘老師跟華倫老師這些精省大師，把這些錢拿去買零股，這些年來應該能夠累積不少股息吧！

「雪梨西餐廳」的「雪梨」二字是取自老闆娘的名字，老闆對老闆娘跟小孩很好，我們這些員工都非常羨慕。老闆很肯定我的工作態度，他要離開店裡處理事情時，都會特別跟我說：「小軒，等一下要麻煩你看著場子。」

　　因為老闆的信任，我能彈性決定上班時間，當課業繁忙時可以暫停上班，寒暑假有空時再回餐廳打工。老闆也曾問我，願不願意畢業後留在餐廳服務？我婉拒了，畢竟我在這一帶打工這麼多年，看到很多餐飲業起起落落，我認為經營餐飲業很少能夠長久。我當時沒有選擇留下，幾年後曾回去探訪，發現餐廳也關門了。

1-4
衡量收支福利
選擇鐵飯碗保障未來

　　沒有一種行業是輕鬆的，只是，同樣盡心盡力工作，不同職業所能獲得的報酬與保障卻是大相逕庭，所以有國家終身照顧的軍公教人員，成為我在選擇職業時的首選。

為減輕雙親負擔，哥哥率先投筆從戎

　　在 1990 年那個時代，成為軍人算是相當光榮的。我的哥哥在高中畢業後，為了幫助父母降低經濟壓力（父親曾有幾次在工廠昏倒送醫，確診為家族遺傳性糖尿病，母親當時為這件事哭了一場），選擇就讀位於台北市北投區的政戰學校（編按：現已改制為國防大學政治作戰學院）。念政戰學校需要考試，也必須符合體格標準；若能順利就讀，不用負擔學雜費，每月還能領取新台幣 1 萬多元的生活津貼。

　　得知錄取軍校時，哥哥甚至在他就讀的高中司令台上，身背

紅帶子，在全校師生面前公開受到表揚，跟現在社會對軍方的觀感相比，不可同日而語。

軍校生在正式就讀之前，都必須先到位於高雄市鳳山區的陸軍官校參加「入伍訓」。哥哥入伍訓的時候，爸媽搭乘「天兵專車」（詳見註1）第一次去陸軍官校看他，發現所有的入伍生都在哭。媽媽問哥哥：「為什麼大家都在哭，你沒有哭？」哥哥回答：「昨天晚上哭過了。」入伍訓真的相當辛苦，且聽說當時鳳山區停水一個禮拜，廁所裡的排泄物堆得像小山丘一樣。

軍中按表操課的生活，沒多久我也體驗到了。相信1980年代之前出生的男孩子，對於「大專集訓」（編按：現已廢除）都有難忘的回憶。當時考上大學的新生，或就讀專三、專四的五專生等，必須到台中縣（編按：現已升格為台中市）的成功嶺參加為期6週的集訓。我在1992年參加大專集訓，也是讓我走入軍人生涯的第一個契機。

註1：**天兵專車**：遊覽車業者針對服役軍人家屬推出的探親專車，清晨出發，早上8點前抵達營區方便會客。

深受國軍福利吸引，立志報考預備軍官

當時受訓期間的排長是志願役預官，很照顧我們這批新兵，他也向我們分享選擇當職業軍人的原因和歷程，引起了我的興趣。成功嶺結訓後，我主動去請教學校的教官，並且進一步收集相關資訊；經過分析，我發覺從軍將會是我改善家庭環境的跳板，當時分別從食衣住行等各種層面思考，有幾個優點相當吸引我：

1. **食**：三餐搭伙，一日三餐伙食費不用 100 元，飯、湯、豆漿喝到飽（五專畢業後進入軍中的那半年，一餐吃 3 碗飯，短短半年時間就胖了 8 公斤）。

2. **衣**：不用煩惱要穿什麼衣服，因為上班要穿的制服、運動服及內衣褲、鞋襪子、腰帶，定期由國軍發放。平常只要把制服燙整清潔即可，節省不少治裝費。

3. **住**：營區有提供住宿，節省每月租屋及水電費用，無須像其他上班族還要自行在外租屋（裝設第四台、付管理費、水電費，有些租屋族甚至要自己買家具、家電）。

4. 行：從宿舍到上班都在營區裡，交通費都省了。而且營區都很大，坦克車都停得下；有開車的人，收假時回到營區要停車，也不用擔心停車位問題。

5. 育：國軍很鼓勵官兵進修，我可以藉由在職進修取得學位與證照（服役期間我拿了 2 張電腦證照及完成碩士學位）。只要願意讀，且與職務相關，軍方補助 8 成學費，可以培養我讀到博士，達到就業與求學的目標。

6. 樂：營區有提供健身與休閒設施，像我待過的單位，還有天然山泉水的游泳池、網球場以及健身房，政戰部門還定期提供軍人之友社（詳見註 2）贊助的各大戲院免費早場電影票。

7. 退休：比起公務員與公立學校教師要 60 歲才能退休，從軍 20 年即可申請退休，退休後可領取終身俸。

註 2：**軍人之友社**：全名為中華民國軍人之友社，為半官方團體，主要從事國軍英雄館（提供現役官兵及眷屬與國防相關人員住宿）之經營，以及籌辦勞軍活動、提供官兵與眷屬服務等。

　　綜合以上分析，我算了算，從軍之後 1 年可省下 25 萬 8,000元的生活費支出（詳見表1），能大幅減輕家裡的負擔。

　　因此五專四年級時，其他同學全都努力準備插班大學考試，

 從軍後預估每年可省下生活費近26萬元
──以志願役軍官待遇為例

項目		內容	每月節省支出（元）	每年節省支出（元）
生活費	食	每月營區搭伙（包含在單位主副食費內）	3,000	3萬6,000
	衣	服裝、內衣褲、襪子、鞋子均由國家撥補	500	6,000元
	住	營區提供住宿	1萬	12萬
	行	在營區住宿，省去交通費；有開車的人，可節省停車位租金	6,000	7萬2,000
	樂	營區有育樂設施、游泳池、交誼廳等	2,000	2萬4,000
生活費可節省金額			**2萬1,500**	**25萬8,000**
教育費	育	二技：2年學費約20萬元 碩士：2年學費約20萬元 博士：4年學費約40萬元	軍方補助8成，若完成所有學程可節省約64萬元	

整理：楊禮軒

只有我一個人的目標是放在預備軍官考試;這段期間,我也先跟父母借了頭期款,在土城貸款買了一間自己的房子。放榜時,我是我們學校唯一錄取預備軍官的,並且以全國第 2 名的成績錄取;而我選擇的是聯勤第 203 兵工廠的工作,1994 年 8 月正式展開軍旅生涯。

軍旅生活大幅節省支出,加速還清房貸本金

父親在我們兄弟倆都從軍後,就從工廠退休,在社區擔任警衛;數年後,因為我們兄弟倆都有穩定收入,就請父親不用再辛苦工作。我從軍後,只留自己要用的生活費,其他的錢都交給媽媽,一部分用來歸還頭期款給父母,一部分拿去付我的房貸;直到 2002 年我結婚後,房貸就由我自己處理,另外每個月給家裡 1 萬 2,000 元,直到現在都沒有間斷。

服役期間,我仍有相當旺盛的求知欲,打算插班考大學。查了相關資訊得知,專科學歷可以直接報考研究所,因此我努力準備考試,也順利錄取了資訊管理研究所在職班。當時我是資訊部門主管,就讀資訊系所,符合國防部補貼 8 成學費的資格,我把拿到的補助款拿去繳房貸,加速還清房貸本金,以節

省房貸利息。不過,在我開始存股投資後,對於繳清貸款一事有了不同的想法,本書中將會仔細説明。

　　《孫子兵法》提到:「凡事豫則立,不豫則廢。」意思是説,事前多計畫,依照計畫執行,那麼多半能夠朝自己規畫的方向前進。現在想想,過去付出的這些努力,當時並不覺得有多了不起,但每一次思考、計畫、執行,都幫助我的思維愈來愈成熟、愈懂得變通,進而累積成現在的成果。

1-5

利用多元資產配置錢滾錢
提前達成財務自由

　　承襲傳統的觀念，以前我的投資觀念就是單純的買房，趕快還清房貸後再繼續買第二間房。因此決定考志願役預官後，我就跟爸媽借了 200 萬元當頭期款（後來花了大約 8 年時間歸還），再向銀行貸款 200 萬元，於 1993 年在土城買了第一間房子，那是一間 30 坪的電梯華廈。

　　所以從當少尉軍官起，我的薪水扣掉生活費後，幾乎都拿去繳房貸了，當時貸款利率 9.5% 左右，含本息每月得繳 1 萬 8,000 多元。我一直到 2004 年左右才繳清房貸，所以也沒有太多的結餘。

集資買下屏東百貨櫃位，每年穩賺5%租金

　　1995 年時，我有次到屏東逛街，看到當時建築主體已完工、但尚未開幕的屏東太平洋百貨外有人妖秀的表演。我好奇

上前參觀，發現建商竟有個銷售中心，在銷售百貨公司 4 樓以上的專櫃，而且每坪只要 27 萬元；買進之後，由物業公司統一包租給太平洋百貨。

我是在台北長大的小孩，當時心想，怎麼會有這種好康？一般人想買台北的 SOGO 百貨還買不到呢！同時期，屏東市還有一家長鶴百貨，也有建商在出售專櫃，我也去看過，但長鶴百貨位於屏東市高架橋旁，停車不易，汽車行進動線很差，以地理位置而言，擴充腹地不足，實在不是很理想。

相對的，屏東太平洋百貨位於屏東市中心，周邊政府機關林立，更厲害的是，百貨公司旁邊有公家單位蓋的停車場，而且緊貼著太平洋百貨，等於百貨公司不用負擔這個停車場建置經費及管理成本，就能吸納更多人潮。

而當時建商保證出租給百貨公司 10 年（百貨公司也是建商旗下的事業），每年所有權人可以領取 5% 的租金，我算了算，只要租滿 20 年就能夠回本啦！最差的情況就是百貨公司倒閉，但是以它建築的地段而言，我想，自己拿來做生意也是不錯。

於是我跟哥哥（當時是中尉軍官）還有爸媽商量，先調借了頭期款，不足的部分則貸款，合力買下了屏東太平洋百貨 4 樓的 1 個專櫃，總價 240 萬元，每年我們可以收取 12 萬元的租金。到了 2015 年，百貨公司仍正常經營，而我們的櫃位也已經出租滿 20 年了，光是租金收入就已經回本；而另一家長鶴百貨在開幕幾年後就倒閉了，我還滿慶幸自己的眼光。

發現股票殖利率高於房貸利率，開始動念買股

2002 年結婚後，我和太太就住在我買的土城華廈。2004 年因為春節留守 5 天，春假後得以在上班日補休。有天補休日送太太去上班後，就在太太工作地點附近的桃園龍潭大池周邊閒晃，發現大池旁的別墅區在銷售房屋。銷售人員帶我到工地看，建築基地位於自行車道旁，而且周邊的田野開滿了油菜花，景致非常漂亮，我當下就非常喜歡這個預售屋的景點。等太太下了班，馬上又帶她去看，太太面有難色地說：「如果我們買了這個房子，未來可能就不能常常出去吃大餐跟旅遊了。」

我告訴太太：「我答應要送妳一個花園，現在先送妳一棟有

花圍的房子，省吃儉用我也願意。」當晚就拿著過完年僅剩的 5 萬元積蓄，跟代銷訂下了龍潭這棟實際坪數 63 坪，土地約 41 坪的 4 層樓透天厝預售屋（總金額 510 萬元，這是鋼筋起漲前買到的價格）。

我和太太因為是雙薪收入，薪資扣除生活費後，有多餘的錢就提前還房貸。直到 2007 年，我發覺房貸利率已經掉到 2.25%，這時候看到很多雜誌跟理財書籍介紹，不少股票殖利率都有 8% 以上。我想想，要是把錢拿去買股票，每年我就可以賺取約 5 個百分點的利差。仔細思考後，我改變了原本「有閒錢就提前還房貸」的做法，開始把閒置的資金拿來投入股市。

其實，第一次接觸股票，是小時候看到家裡有爸爸任職公司的 10 張「巨豐股份有限公司」的股票，當時還以為這 10 張股票很偉大呢，之後才知道原來是公司的員工認股（後來爸爸把它賣給公司的大股東了）。

1986 年是我國中時期，媽媽是菜籃族，每天都會看報紙財經版買股，像是《中時晚報》和《聯合晚報》，國小畢業的媽

媽講起股票也頭頭是道。有時媽媽會説：「今天又賺了幾百元、1,000 元，我們今天吃好一點。」但很少聽到媽媽説她虧了多少。記得爸爸買的大眾電腦（詳見註 1）股票也虧了不少，後來我才知道，1989 年那幾年，他們大概虧了 200 萬元左右——當時位於土城學府路的透天店面一間大概 120 萬元，這對於在工廠上班的爸爸而言，可能虧掉至少 10 年的薪水吧！

剛開始投資時，我壓根不知道股神巴菲特（Warren Buffett）是誰，只因為對爸媽之前投資股市虧損的印象，驅使我在選擇標的時格外謹慎。我喜歡從生活中找標的，我的想法很簡單，我想投資「不管有沒有錢，人們都需要掏錢消費的產業」。

獨鍾民生產業，抱長線減少追股煩惱

什麼樣的產業是可以投資的？最典型的例子是電信業。早年

註 1：大眾電腦股份有限公司於 2004 年下市，而後以股份轉換方式，以大眾全球投資控股股份有限公司重新掛牌交易，股票名稱為大眾控（3701）。

行動電話不普及時，家家戶戶至少都有一支市內電話機，在路上也常常碰到有人問：「哪裡有公用電話？」到了 2000 年後行動電話普及，更像打開的水龍頭出水一樣，電話費持續地流入電信公司。

這幾年大受歡迎的 iPhone，10 年後還會存在嗎？我無法預測，但是我知道，10 年後不管你用什麼手機，你都得付電話費給電信業者。記得 1995 年時，摩托羅拉（Motorola）推出 StarTAC 手機，當時一支手機價格超過我 1 個月的薪水，功能也只能撥接電話而已，我還是特地請美國的朋友帶回來。而現在的智慧型手機不斷進化，功能愈來愈強，價格卻相對便宜許多；但是不管我換了幾支手機，我的電信公司還是無法脫離中華電（2412）、台灣大（3045）或遠傳（4904），在沒有可以取代電信業的新科技之前，電信商都不會消失。

學生時期我在加油站打過工，那是一段滿辛苦的經驗，因為加油時的氣味實在非常難聞（現在我為了省錢，還是會選擇用自助加油機自己加油），但是那時給了我一個非常寶貴的經驗。我發現，來加油的車子形形色色，有非常高貴的跑車，也有破爛不堪、幾乎可以進報廢場的車，無論開雙 B 還是國產

喜美，無論是酷炫拉風的重型機車還是小巧的鈴木 50，都必須要加油，所以，經營加油站的台塑化（6505）也成了我的投資標的。

剛開始投資時，我注意到的股票還有大豐電（6184），因為我發覺大家每天都會看第四台，即使出差、出門旅遊，沒在家裡看電視，也還是得付月租費。而當時經營土城、板橋地區的有線電視業者大豐電，每年配息穩定，也成了我的投資標的。不管人們再怎麼窮，也一定會打電話、加油跟吃飯，這就是我喜歡民生必需產業的原因。

2012 年時，我也曾經嘗試玩短線、賺價差。有一次實際進出後，才發現短線交易的手續費很高！當時我將某檔 A 股票部分賣出，去買另一檔 B 股票，不料大舉買進後，B 股票的股價不太動，我又把 A 股票買回來。沒想到 B 股票又上漲了，但此時我已經不想追，因為捨不得再花一次手續費。這一次交易，金額約 200 萬元，手續費和交易稅就花了 1 萬多元。

這次經驗，我的心得是：「我沒有那個心臟去玩短線，但我有殖利率撐腰去玩長線！」從此，加深了我長抱股票的決心。

多元配置加速資產累積，把每一分錢轉好幾次

2012 年開始，我的投資進階到了多元投資配置。為了加速投資的效益，我向銀行增貸 325 萬元房貸（增貸 2 次，利率分別為 1.937%、2.126%）加碼買股，2013 年又申請 80 萬元信貸（利率 2.37%）投入股市，儘管貸款餘額增加，但是因為股利殖利率與貸款利率之間的利差，我從股市拿回的股利比貸款利息還要高，也讓資產得以加速累積。並且自 2014 年起，我再將手中的長期持股做借券信託（有價證券信託），委由合作金庫銀行替我出借股票，額外獲取借券收益。

透過以上的做法，我把每一分錢轉了好幾次，將錢投入買房、現金買股、信貸買股、房貸再增貸買股；收入則有房租、股利、借券利息、房屋與股票的潛在資本利得，賺取多重收益（詳見圖 1）。套句流浪教師華倫（周文偉）老師常説的一句話：「我要讓我的每一塊錢都為我賺錢。」

2007 年底，我的股票資產為 65 萬元，債務餘額 553 萬元；截至 2016 年 1 月 30 日，我的股票資產成長至 1,500 萬元，債務餘額約 690 萬元。2013 年到 2015 年，所領到現金與

活用資金，賺取最大效益
──以算利教官的資產配置為例

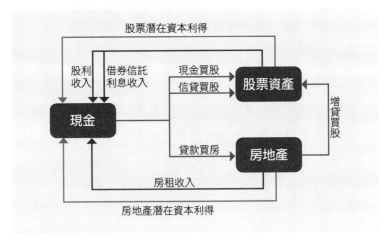

整理：楊禮軒

股票股利價值及退稅，3 年平均達到百萬元。

　　經過謹慎的估算，以我退休後的退休俸加上每年預估可獲得
的股利，基本上已能應付生活所需，也因此我在 2014 年 8
月（41 歲）正式退休，提前達成財務自由。退休後，2015
年的被動收入（加計借券收入），更達到 140 萬元。

Chapter 2

存股教學

挖對標的翻倍賺

錢要放對地方
才能對抗物價上漲

　　自從 2010 年大女兒出生後，我會為家人購買早餐後再去上班。本來一頓早餐，全家人只需要 80 元就打發了，到了 2015 年初已經漲到 90 元；2015 年 4 月，我點了同樣的早餐，依然拿了 100 元等早餐店老闆娘找錢，老闆娘卻跟我說剛剛好。我問怎麼回事？老闆娘說漲價了，那次漲價，直接漲超過 1 成。

　　我有個同學，他的爺爺在 2014 年往生時，他們從保險公司拿到的終身壽險給付總額為 8 萬元。你一定覺得很少，恐怕買個靈骨塔還不夠。不過，這 8 萬元在民國 60 年（西元 1971 年），大台北平均房價每坪 1 萬元時，可以買到 8 坪建坪。

　　以上狀況，相信大家都不陌生，同樣的金額，能買到的東西卻愈來愈少，這就是「通膨」——我們的金錢面臨實質購買力

的減損。

現金購買力減退，食物類漲價幅度感受最深

　　想知道通膨的變化，可以到行政院主計總處網站（www.
dgbas.gov.tw），每月都會有最新的「消費者物價指數」
（CPI，Consumer Price Index），也能看到過往的統計資料。

　　以最近 5 年而言，2011 到 2015 年的 CPI 從 100 漲到
103.65，累計漲了 3.65%，看起來好像不多，但我們把時
間拉長一點，看看過去 30 年來的統計，1985 年以來 CPI
一路走升，從 62.47 漲到 103.65（詳見圖 1），這代表著
30 年前能用 62 元買到的東西，2015 年要花 103 元才能買
到。這樣的數字代表這 30 年來，物價累計上漲約 66%，平
均每年以 1.7% 的幅度成長。

　　如果再看我們普通老百姓感受最深的食物類以及外食類，
30 年累計上漲幅度更是近 120%、100%，平均每年上漲幅
度分別為 2.66% 與 2.33%。當薪水沒有增加，想填飽肚子卻
得花愈來愈多錢，難怪會覺得荷包愈來愈瘦、日子變難過了。

近30年台灣物價持續上漲
——台灣近30年CPI指數、CPI年增率走勢圖

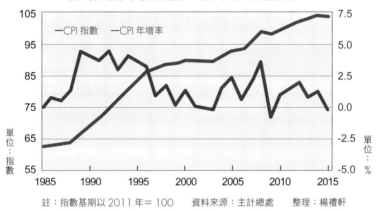

註：指數基期以 2011 年＝100　　資料來源：主計總處　　整理：楊禮軒

定存利率低，買高殖利率股賺利差

通膨可以說是現金最大的敵人，也許你會說，可以把錢放在銀行定存呀！不但保本，也有利息可賺。我們看看歷年的銀行存款年利率，早年確實有很高的利率（存款利率高、貸款利率也高），以合作金庫銀行為例，1991 年的 1 年期定期儲蓄存款利率高達 9.5%，但是之後邁入長線下跌，才過了 11 年，2002 年 11 月已經跌破 2%。

接著，從 2002 年 11 月到 2016 年 1 月，這 14 年來，經歷了 SARS 風暴、金融海嘯、歐債危機，台灣的景氣跟著全球經濟變化而上上下下，利率也有一些波動，但都處在利率偏低的水準。合庫 1 年期定儲固定利率約在 0.8% ～ 2.7%；最近 5 年（2011 ～ 2015 年）因為景氣低迷，利率一度停滯在 1.38%；到了 2015 年下半年，景氣未見好轉，台灣中央銀行又兩度降息，這下存戶的定存利息又縮水了。

因為長時間待在低利率的環境下，讓我知道，只有靠投資獲得比通膨更高的報酬率，才能夠維持、甚至提高金錢的購買力。我從 2007 年開始存股，那時候的定存利率還有 2% 多，然而股票殖利率隨便都是 8% 以上，跟定存利率的利差至少是 6 個百分點，也就是每 100 萬元，1 年就相差了 6 萬元的利息。

於是我開始了我的存股計畫，第一筆存股資金是將郵局的零存整付存款提前解約。平常我手邊只會留一筆可活用的現金，每個月月初，將收入扣除當月的預定支出後，依此訂定買股的額度。基本上我要求自己至少每月要花 5 萬元存股，依據不一樣的標的，錢夠就買整張，不足就買零股。

　　附帶一提，我買零股，基本上是以 1 萬 5,000 元為單位。因為多數券商的每筆交易最低手續費是 20 元，手續費率為 0.1425%，如果購買金額在 1 萬 4,035 元以下，還是收 20 元，因此買在這個金額之上比較划算（後來我認識了華倫老師，他更神，他特地選擇最低手續費只有 10 元、手續費打 1.7 折的券商，買股門檻可以降得更低）。

　　我們來試算一下：如果你每個月拿 3,000 元存股，假設殖利率固定為 6%，每年現金股利（股息）持續投入存股，20 年後股票資產將達到 139 萬 3,053 元；之後不再繼續存，但仍有每年 6% 的孳息，可年領現金股利 8 萬 3,583 元。

　　如果只是把錢放在年利率 1.5% 的存款，20 年後的終值僅有 84 萬 103 元，以每年 1.5% 的孳息計算的話，只能夠年領利息 1 萬 2,602 元，還不到上述股利金額的 1／6（詳見表 1）。

　　如果每月存股本金調整到 1 萬 5,000 元，那麼 20 年後，每年可領取的股息為 41 萬 7,916 元，約等於每月 3 萬 4,800 元的收入，而定存只有每月約 5,250 元的孳息。其實每月 1

每月存股1.5萬元，20年後利息逾40萬
——以投資年利率1.5%、6%產品為例

每月投入金額 （元）	3,000		1萬5,000	
年利率 （%）	1.5 （定存）	6.0 （存股）	1.5 （定存）	6.0 （存股）
總計投入本金 （元）	72萬	72萬	360萬	360萬
20年後預估 終值（元）	84萬103	139萬3,053	420萬515	696萬5,266
20年後 利息 （元） 每年	1萬2,602	8萬3,583	6萬3,008	**41萬7,916**
每月	1,050	6,965	5,251	3萬4,826

註：20年後利息（每年）＝ 20年後預估終值 × 年利率，計算結果四捨五入至整數
整理：楊禮軒

萬多元的投資金額，一般上班族就能做到，誰說擁有財富自由，是有錢人的專利呢？

用存股為自己加薪，積少成多威力驚人

如果你覺得 20 年後太遙遠，那麼就換個角度想。以我之前每月存 5 萬元，買 6% 殖利率的股票計算，相當於第 2 年時，

每個月給自己加薪 3,000 元；如果第 2 年又繼續每月存 5 萬元買股，那麼到了第 3 年，每個月就等於加薪 6,000 元……這樣的想法，驅使我不斷地存股給自己加薪。

年輕人即使每個月只有 28K，如果能每個月存股 5,000 元，購買殖利率 6% 的定存股，第 2 年的每個月就等於自己加薪 300 元，可別小看這 300 元，夠你加油騎機車好幾天了，也夠付半個月的有線電視費。要給自己加薪多少，可視自己的經濟能力決定，不要輕忽積少成多的威力。

我常跟我那些讀軍校的學生說，一定要好好存錢。食、衣、住、行國家都提供給你，是別人沒有的優勢：住營區不用付房租、營區水電是國家出、吃飯搭營區伙食，一天自付額也不超過 150 元，能存多少自己可以決定。如果是志願役士官，一個月存個 3 萬元很容易達成。所以認真地把工作做好，把薪水存下來妥善理財，才能夠讓我們提早達到財富自由。

如果你還沒有開始存股，請試試，領取第一筆股息後，你會發現，理財原來感覺如此美好。當然，存股不是隨便選幾檔股票就可以，接下來我會分享我的選股之道。要提醒你，如果你

才剛開始計畫投資，無論你目前有什麼規畫方式，在看完這本書之後，建議你再去看 2 本書：傳奇基金經理人彼得‧林區（Peter Lynch）的《征服股海》，以及日本知名財經作家勝間和代的《錢不要存銀行》，相信你將會有不同的收穫，在書沒看完前，也請先不要有任何投資決策。

2-2

存好股領息
才能讓自己睡得安穩

　　很多財經雜誌、書籍以及專家常常說：「買股別『賺了股息，賠了價差』。」也常常聽某些投資朋友說，存股很危險，應該要採取「價值投資＋波段操作」才是王道，到底哪個才正確呢？

　　我認為，如果你是短期投資者，持股不打算超過 1 年，那麼「賺了股息，賠了價差」是成立的；因為除權息後，股價若沒有填權息，你就想賣掉，當然會賠上價差。

　　然而，身為長期投資者，除權息之後若股價繼續往下掉，只要公司的獲利體質沒有改變，你反而可以用更低的成本再買進；到了下一年，就可以獲得相同水準的股息，殖利率亦相對提升。

　　我喜歡用包租公的租屋理論來解釋：如果你以總價 240 萬

元買進一間套房，每月可以收租 1 萬元，這樣年租金報酬率是 5%（租金 1 萬元 ×12 個月／買進成本 240 萬元）。假設買進後遇到房價下跌，跌到 216 萬元，你會覺得賠了價差 24 萬元；但如果以 216 萬元再買一間套房，同樣可以收到每年 12 萬元的房租，那麼這第 2 間套房的年租金報酬率就升高到 5.55%。

選擇投資工具，先考慮機會成本

為什麼我會選擇存股，而不是像其他價值投資者，買進低於內在價值的股票，等股價回升賺價差呢？事實上，從財報、產業及公司訊息去計算內在價值，過程相當複雜，其中有太多外在的干擾，沒有人能保證自己算出的結果是完全準確的。

再來，每個人的「機會成本」不一樣。機會成本的概念是，當你在時間或金錢有限的狀態下，只能做一種選擇，此時勢必得放棄其他選項，而「機會成本」就是指你所放棄其他選項的最高價值（這裡指的是可具體衡量的價值）。比如說，你在星期六下午有一段空檔時間，該怎麼利用這段時間，共有 3 個選項：

1. 到朋友的店裡打工：收入 1,000 元
2. 當鄰居小孩的保母：收入 800 元
3. 留在家裡陪伴家人：收入 0 元

假設你選擇了「留在家裡陪伴家人」，那麼機會成本就是 1,000 元；選擇「當鄰居小孩的保母」，機會成本也是 1,000 元；選擇「到朋友的店裡打工」，機會成本則是 800 元。

通常，我們會按照這些選項的可衡量價值，做出最有利的決定。以上面的例子來說，「到朋友的店裡打工」是最好的，因為你負擔的機會成本最低。當然，也許你會寧願放棄 1,000 元機會成本，只想待在家裡跟家人好好過週末，雖然沒有收入，但是跟家人相處的時光卻不是 1,000 元就能取代的。

投資也是一樣，假設你有 100 萬元閒錢，只有 2 個選項：一個是銀行定存，年利率 1.5%，1 年可領 1 萬 5,000 元；另一個選項是投資定存股，殖利率 5%，1 年可領約 5 萬元。那麼，若你選擇定存，負擔的機會成本就是每年 5 萬元；選擇存股的機會成本則是 1 萬 5,000 元，較有利的狀況就是選存股，因為負擔的機會成本較低。

　　假設你很有生意頭腦，可以用 100 萬元創造出每年 20% 的獲利，那麼你絕對不會跟我一樣，去買中華電（2412）跟台灣大（3045）這種股票，因為你看不上每年這 5% ～ 6% 的股息。

　　以我而言，我熟悉的投資工具只有定存、房屋跟股票投資，我就會從這 3 個選項去評估，以獲得最高的報酬率。我從開始投資股票這些年，銀行定存的年利率從 2% 多降到 1% 多，房地產價格則是愈來愈高，大台北年租金報酬率要高於 3% 應該非常困難。所以整體評估下來，我能獲得最大收益的投資工具就是高殖利率股票。

　　每個人面對的機會成本大不相同，不同的選項當中，也摻雜著個人的主觀認定；這也造成了有些錢會往高報酬率的地方流動，有些錢會往報酬率較低、但低風險的地方流動，進而促成了投資市場的資金轉移。

存股首重公司長期價值，以經營者眼光找標的

　　存股雖然利息高，但確實也比錢存在銀行的風險高，更需謹

慎，畢竟在銀行不倒閉的狀況下，存戶的本金是不會減少的，差別只在利息高低（但若是銀行實行負利率就另當別論了）。

存股則是在「買進好公司股票，年年領股利」的前提之下買進，同時得面對股價波動，因為股價的漲跌，代表著本金是增加或是減少；要是不小心選錯股票，公司或該產業走下坡而股價大跌，甚至到了發不出股利的地步，就有可能得不償失。

而投資市場裡，散戶本來就相對弱勢，很難看清楚公司的全貌。不像有經營權的公司派大股東，能夠掌握經營的祕密與前景，因此買進股票前，決策必須更加嚴謹。

想要長期投資一家公司，就要選擇具有護城河的公司，也就是這家公司的產品或服務是不容易被其他競爭者取代的；就算有時候景氣不好，使得業績稍微受到影響，但公司經營者仍會加強業務行銷與本業研發，力求穩定經營。這類股票殖利率雖然不會太高，股價也不會有爆發性成長，但至少是可以讓自己睡得著的投資。

在接受《Smart 智富》月刊封面故事採訪後，數次受邀擔任

出版社辦的「盤後同學會」講師，與讀者同好分享我的投資方法與研究資料。有朋友問，我為何可以如此大方分享我的資料？我想有幾個原因：

1. 我是長期投資者，看重的是公司的基本面與長期投資價值，以經營者心態去選擇我要長期持有的公司。我的獲利是公司穩健經營之下所年年配發的股息，而非短期投機性交易，賺取他人的損失。

2. 知名的權證達人權證小哥說，在權證市場只有 5% 的人賺錢（詳見《Smart 智富》密技《7 天搞懂權證投資》，2014 年 11 月出刊），意思就是剩下 95% 的人會虧錢。但是，我是以領股息為主的長期投資者，投資 8 年來，每年都有穩定的孳息，不用擔心虧錢問題，所以我分享投資經驗，無損於我的獲利（編按：權證是零和遊戲，一個人的獲利來自另一個人的虧損，但長期投資有可能是正和，也就是所有投資者都賺錢，譬如迄 2016 年 2 月，中華電信股價還原權值創歷史新高，代表長期投資中華電信者，全數賺錢）。

3. 我期望透過自己的分享，能讓年輕人在出社會前，擁有

正確的理財觀念：認真工作、善加理財，而非妄想透過投機交易一步登天。

我非常享受這種輕鬆投資的日子，可以陪伴家人、旅遊，無須整日擔憂股價的波動。只要拿個 1 萬元買進高殖利率定存股（沒投資過股票的人，建議剛開始不要投入太多金錢，因為還要負擔二代健保費的成本），擺個 1 年，從第一次領取股息的那天開始，我想你也會漸漸認同我的做法。

5條件篩股
挑出體質健全好公司

　　存股最重要的，就是找到可以長期投資、每年領股利的好股票。所以我選股時，考慮的重點就包括了「股票基本面」、「發放股利多寡」、「買進成本」，以下就來分享，我如何選出可以考慮投資的標的：

條件1》現金流穩固：近10年平均現金殖利率＞5%

　　現金殖利率的算法是「現金股利／買進成本」，代表你付出的成本，1年可領到多少現金股利。例如，你以股價 30 元買進一檔股票，當年領取現金股利 1.5 元、股票股利 0.6 元，現金殖利率就是 5%（1.5 元／ 30 元＝ 5%）

　　2007 年剛開始存股時，我會以近 5 年平均現金殖利率超過 8% 為選股的第一道門檻，不過隨著股價逐漸上漲，要找到 8% 現金殖利率的股票愈來愈不容易了，所以我逐漸下修到 5%

現金殖利率為基本條件，還是比定存優秀許多。若是存 100
萬元本金在定存股，1 年可領到 5 萬元（詳見註 1），1 年所
領到的股息，比 300 萬元本金的銀行定存利息（以利率 1.3%
計算）還要高呢！

由於 2008 年金融海嘯時，有許多公司受到衝擊，股利也
因此縮水；為了看出金融海嘯的影響，我會建議把平均現金殖
利率的觀察時間拉長到 10 年，才能把 2008 年的數據涵蓋
進去。公式為：

**近10年平均現金殖利率
＝近10年發放的現金股利平均／買進成本**

2009 年以來，台股呈現一個長線多頭格局，尤其是 2014
年中到 2015 年中，大盤大部分時間都在 9,000 點上下，但
許多股票股價走高，殖利率也偏低。在 2015 年下半年之後，
大盤一路下跌，殖利率則漸漸提升，特別是 2016 年 1 月時
大盤跌破 10 年線（大盤最近 10 年來的平均成本），想要找

註 1：若扣除相關稅費，100 萬元買進殖利率 5% 的股票，實際領到的金額可能不足 5
萬元。因每檔股票狀況不同，為利於計算，本書相關股利的計算，都暫不計入相關稅費。

存股標的，正是好時機。

條件2》**護城河強大：具有獨占利基或龍頭地位**

我早期買股以天然瓦斯股大台北（9908）、電信股、有線電視股大豐電（6184）、成衣大廠聚陽（1477）為主，因為我喜歡具有獨占利基或具有領先地位的民生產業龍頭公司，這樣的公司有強大的護城河，競爭對手不易造成威脅。

以大台北瓦斯而言，法令規定同一區域僅能有一家天然氣廠商，所以沒有競爭的問題。大豐電也是新北市板橋區、土城區的有線電視廠商，具有獨占地位；不過政府已經開放有線電視可跨區經營，開始出現競爭，關於我對大豐電的觀察詳見3-5。

電信股更不用說了，3大電信股——中華電（2412）、台灣大（3045）、遠傳（4904），我都有持股，雖然電信業後來加入了亞太電信和台灣之星，但3大電信的地位仍難以撼動，在市場形成寡占。

不管消費者要從中華電信換到台灣大哥大，或從遠傳換到中

華電信,只要在台灣需要用到電話,電信業就能賺錢,我這個股東當然也能每年領到股利。

條件3》**獲利能力佳:近10年每年穩健獲利**

公司要能每年穩定配發股利,得要有穩健的賺錢能力,有幾個關鍵的財報數字,必須符合以下指標:

1.歷年獲利穩健,且EPS大於1

觀察獲利時,一定要認識的數字就是「EPS」,中文稱為「每股稅後盈餘」或「每股稅後淨利」。公式為:

> EPS=稅後淨利/流通在外普通股加權平均股數
> 稅後淨利=營收-製造成本-營業費用+業外損益-所得稅

一家好公司的近 10 年獲利應維持穩定,特別要觀察 2008 年金融海嘯當年的數字,最好也能保有不錯的獲利;當然,若當年衰退,接著幾年又能恢復獲利水平,也算是禁得起考驗。

2.毛利率高於20%

毛利占營收之比重稱為毛利率。毛利率如果是 20%,代表

公司營收 1 萬元,毛利就有 2,000 元(2,000 元/ 1 萬元
＝ 20%)。毛利的計算公式為:

> **毛利＝營收－製造成本**

　　不同產業的毛利率水準不太一樣,像是電子代工產業的毛利
率就比較低,若出現成本或匯率的波動,就會對稅後淨利造成
較大的影響,因此我偏好毛利率較高的產業。而在同產業當
中,毛利率若能比同業更高,通常代表有較佳的定價能力、多
擁有穩固的護城河。毛利率 20% 是一個大約的標準,如果公
司有少數幾年毛利率不到 20%,只要別相差太遠,且獲利都
很穩健,我還是可以接受。

3.本業賺錢,營業利益為正

　　「營業利益」代表一家公司的本業獲利,公式為「毛利－營
業費用」。營業利益為正,就代表這家公司本業有賺錢。

4.月營收維持穩定

　　公司的月營收最好維持穩定,雖然偶爾會受到工作天數、客
戶庫存等影響而出現變動,但不會差距太大,通常民生必需
股都有這種特質。不過,天然氣如大台北、發電廠如台汽電

（8926）例外（詳見 3-2、3-3）。

5.業外投資穩健

通常我會希望公司的獲利來源來自本業，業外投資占營收比重小，不會對公司造成影響者，可暫不考慮業外的因素。不過，若是公司轉投資的子公司，能夠帶來長期且穩定的獲利貢獻，也很加分。另外，也有公司就是靠業外投資貢獻獲利，就要觀察獲利來源是否穩健。

條件4》股利穩定：連10年股利發放政策波動小

我會觀察連續 10 年的股利發放政策是否穩定。正常狀況下，一家有賺錢的公司，年度結算時，會將當年賺的錢繳完稅之後，先提撥一筆錢到法定盈餘公積（詳見註 2），剩餘的盈餘連同往年累積的未分配盈餘（公司累積下來、沒有分給股東的盈餘，公司可以自由運用），由公司決定分派多少給股東。

註 2：**法定盈餘公積**：根據《公司法》規定，公司繳納所有稅金後，在分配盈餘時，必須先提撥 10% 作為「法定盈餘公積」（法定盈餘公積已達資本總額時不在此限），若公司發生虧損，則可用法定盈餘公積來彌補。此外，公司也可以提列「特別盈餘公積」。在扣除法定盈餘公積及特別盈餘公積後，剩餘的盈餘才可以分配。

像是在產業成熟期的公司，沒有太大的成長空間、也沒有增產的需求，公司就會把大部分的盈餘配給股東。基本上，我們會用 EPS 與股利數字來簡單計算一家公司的股利發放政策。例如某公司 2015 年 EPS 為 3 元，2016 年發放 2.7 元現金股利，那麼這家公司 2015 年的現金股利發放率就是 90%（現金股利 2.7 元／ EPS 3 元）。成熟且穩定經營的優質公司，每年的獲利與股利發放率都會比較穩定，像是電信股、瓦斯股等（詳見圖 1）。

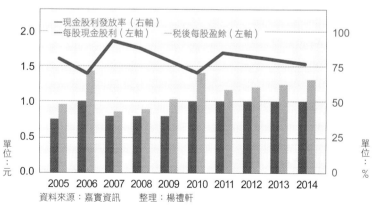

圖1 **瓦斯股近10年現金股利發放率維持穩定**
——以大台北（9908）為例

資料來源：嘉實資訊　　整理：楊禮軒

如果股利發放波動太大，例如公司連續 10 年每年 EPS 約在 2 元上下，每年又沒有擴建產線等資本支出的需求，但是股利這一年發 1.5 元，下一年只發 0.3 元，再下一年發 0.9 元，這種公司的股利政策不穩定，我也不會考慮。

有些公司則是還在成長，為了增加未來的營收與獲利，公司會把部分盈餘用於購買廠房、增加產線等支出，發給股東的錢就會相對較少，而投資人可以期待的則是未來公司的長期成長，當獲利升高，股利也可能跟著增加。

以大豐電而言，近年因應跨區經營，自建總部大樓，並且於新北市及高雄市的新經營區布建網路、購買房屋設置機房，還有舊有類比機上盒更新為數位機上盒，及新經營區需要大量的數位機上盒成本，這些都需要資金，所以從 2010 年大豐電現金股息配發比率減少，盈餘轉增資配發股票，這種情形是我能夠接受的。

因為這樣的投資是為了獲取未來更大的利益，只要用戶成長，未來勢必可以增加獲利。雖然短期競爭殺價難以避免，長期而言，應該還是會處於跟電信業一樣的恐怖平衡，誰也不敢

任意開啟競價戰爭。

　　公司的股利政策也可以從公司年報來了解，例如大台北瓦斯於 2014 年的年報載明，除了按規定將公司盈餘扣除法定盈餘公積 10% 及特別盈餘公積後，股東股利中的現金股利不得低於 20%（詳見圖 2）。

 投資人可從公司年報查看股利政策
——以大台北（9908）2014年年報為例

> **六、公司股利政策及執行狀況**
>
> 公司之股利政策如下：
> 1.本公司屬公用瓦斯事業，為公司永續經營，以追求未來成長與維護股東權益為公司股利政策之考量方向。基於經營所需之資金，穩定股利發放，擬採兼顧固定及剩餘股利政策。
>
> > 本公司年度結算如有盈餘，除依法繳納一切稅捐外，應儘先彌補以往年度虧損後，先提百分之十為法定盈餘公積及酌提特別盈餘公積後，其餘由董事會擬具盈餘分配案提請股東會議決，但董事、監察人酬勞金不高於分配數百分之五，員工紅利不低於分配數百分之一，股東股利中現金股利不得低於百分之二十。
>
> 2.本次股東會擬議之股利分派情形：
> 本公司 103 年度盈餘分配案，業經董事會決議通過，每股擬分配現金股利 1 元，俟股東會通過後，配息基準日由董事會另訂之。

資料來源：公開資訊觀測站　整理：楊禮軒

　　要注意，如果一家公司賺的錢很少，卻能發出不錯的股利，就要注意這家公司是否拿「資本公積」（詳見註 3）來發放？「資本公積」不是公司從營運賺來的錢，而是本來就放在公司裡的錢，用資本公積發股利是一種吃老本的行為，也就是把淨值裡的錢拿出來分給股東，並非好事。

　　正常的狀況下，現金股利會小於 EPS，若是看到現金股利大於 EPS，就要查證是否有挪用資本公積的狀況。

條件5》**進場價位低：低於合理價才值得買**

　　選定股票之後，我的買進價位會設定在「合理價以下」，我認定的合理價是低於「近 10 年平均現金股利 ×20 倍」，只要公司維持良好的基本面，用愈低的股價買進，就能享有愈高的現金殖利率。我把價位分為 3 種：

　　1. 便宜價：近 10 年平均現金股利 ×15 倍，相當於現金殖

註 3：**資本公積**：公司正常營運之外所獲得的資本增加，如股票發行時超出股票面額的部分、受贈與、資產重估等。

利率 6.6%。

2. **合理價**：近 10 年平均現金股利 ×20 倍，相當於現金殖利率 5%。

3. **借錢也要買進價**：近 10 年平均現金股利 ×10 倍，相當於殖利率 10%，這是叫我跪在銀行門口借錢我也願意的價格。

我們很常遇到的狀況是，好股票的基本面很理想，但是太受歡迎，股價居高不下，使得殖利率處在較低的水準，我就會等到股價跌到值得買進的價格再考慮買入。

挖出高殖利率股票，再評估個股基本面

要知道個股的近 10 年平均殖利率，必須把近 10 年的股利都列出來手動計算，可先從耳熟能詳的定存股找起。如果想自己挖寶，則可從最近 1 年殖利率較高的名單裡尋找。

到台灣證券交易所（查上市股票，網址為 www.twse.com. tw）與證券櫃檯買賣中心（查上櫃股票，網址為 www.tpex.

org.tw）的官網，可查詢特定日期的殖利率。但網站上的殖利率是採取「現金股利＋股票股利之合計」，不是只用現金股利，因此若要計算現金殖利率，還是得自己一一確認。

還有，也千萬別看到殖利率前幾名就急著跑去買。因為已經發放的股利是歷史資料，該公司也可能因為特殊因素而突然在某一年配發較高的股利；要是下一年度的股利縮水，投資人實際能享有的殖利率就不會那麼高了。名單只是參考，還是要一檔一檔仔細研究，檢視該個股的產業、獲利、營收與股利政策，才能確保買進之後，能夠享有你想要的殖利率。

3種高殖利率股不值得買

在此補充，如果殖利率特別高是因為以下因素，就必須將這類股票排除在外：

1.公司營運及獲利衰退，股價大跌

獲利衰退造成股價大跌，股價跌幅高於股利跌幅，就會讓當年的殖利率看起來比較高；若公司處於持續衰退趨勢，下一年度的股利也會跟著獲利而降低。

2.公司當年度認列一次性的收益

例如公司當年若有處分土地,使得盈餘增加,也有可能配發較高的股息,但這種獲利水準並非常態。

3.公司當年度有減資

減資會造成股本減少,使得每股盈餘增加,股利也有可能變得比較高。減資的公司,通常代表公司較無成長性,最好先確認公司未來能持續維持獲利能力,再評估是否買進。

善用網路查詢股利、上市櫃股票殖利率資訊

1.查詢股利結構

Step**1** 前往公開資訊觀測站（mops.twse.com.tw）首頁，點選**❶**「股東會及股利」，再點選**❷**「股利分派情形——經股東會確認」。此以大台北（9908）為例。

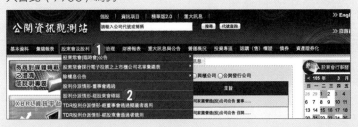

Step**2** 進入下一頁面後，選擇**❶**「歷史資料」後，輸入欲查詢的**❷**「公司代號或簡稱」及**❸**「股東會召開年度」並按下**❹**「搜尋」，即可看到當年發放的股利結構。

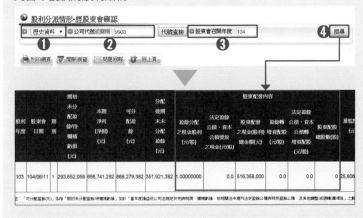

2.查詢上市公司股票殖利率

Step**1** 前往台灣證券交易所網站（www.twse.com.tw），點選**❶**「交易資訊」後，選擇**❷**「盤後資訊」項目下的**❸**「個股日本益比、殖利率及股價淨值比（依日期查詢）」，即可進入查詢頁面。

Step**2** 查詢頁面中的**❶**「資料日期」預設為最近一個交易日（可自行設定，以查詢歷史資料）；**❷**「分類項目」選擇「全部」，可查詢所有上市股（亦可按喜好選擇特定類股）；點**❸**「殖利率」並按下**❹**「查詢」，則查詢結果會按殖利率排序；點選**❺**「另存 CSV」，即能單獨存檔為 Excel 可讀取的檔案。

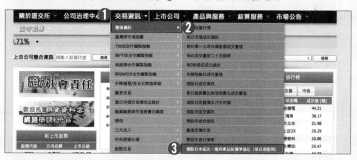

續接下頁

3.查詢上櫃公司股票殖利率

Step1 前往證券櫃檯買賣中心網站（www.tpex.org.tw），點選❶「上櫃」後，選擇❷「盤後資訊」項目下的❸「個股本益比、殖利率及股價淨值比（依日期查詢）」，即可進入查詢頁面。

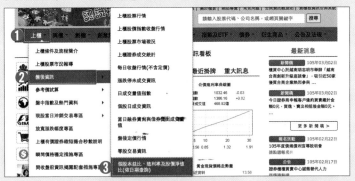

Step2 查詢頁面中的❶「資料日期」預設為最近一個交易日（可自行設定，以查詢歷史資料）；❷「產業類別」選擇「全部產業」，可查詢所有上櫃股（亦可按喜好選擇特定類股）。選擇完成後，頁面即會自動出現查詢結果。查詢結果預設為依照股票代號排序，點選表格第1列的❸「殖利率」則會按殖利率排序。

資料來源：公開資訊觀測站、台灣證券交易所、證券櫃檯買賣中心　　整理：楊禮軒

自選存股陣容
民生消費股是最佳主角

很多朋友告訴我，他投資某檔股票最充分的理由為「這檔股票是官股」，因為官股普遍被認為「不會倒」，所以可以長期投資。真的是這樣嗎？我的看法是，一家「不會倒」的公司，身為員工可以不用怕失業，但是身為投資人卻不見得有利可圖。

我們拿錢買公司股票，注重的應該是「這家公司要持續賺錢、永續經營」，也就是在「不會倒」的基本期待之上，公司必須要有穩定賺取現金的能力。否則，買了股票，如果公司不賺錢，發不出股利，就像你買了間房子要出租，卻從來沒有收到錢，也就不會帶來現金流。

以未上市櫃的國營事業台電為例：台電是不會倒的公司，根據 2014 年的台電年報，94% 的股權都在經濟部手裡，其他則是由幾家銀行機構、小股東持有。這些小股東雖然投資了一

家不會倒的公司,但是看看台電往年的經營績效,直到 2013 年之前,連續虧損了 8 年,沒有股利可發。

到了 2014 年,台電好不容易因為能源價格跌價而轉虧為盈,但是依舊不發股利,可以說台電是一家不會倒的公司,卻也是讓股東掉淚的公司。

從日常生活找好股,讓每筆消費都回流口袋

選擇值得存股的股票時,首要條件還是考量這公司賺不賺錢、賺得穩不穩定比較重要,有賺錢才是得以分派股利的基礎,但這些公司要怎麼找?

傳奇基金經理人彼得‧林區(Peter Lynch)就建議投資人,可從日常生活中尋找適合投資的股票,這種觀念被稱為「生活選股法」。有哪些股票是我們容易觀察到、能夠持續賺取現金的公司呢?當然就是不受景氣循環影響的民生必需產業,包括電信股、有線電視、瓦斯、保全等。這些公司提供的服務,多是企業、家家戶戶為維持日常生活的必需消費,每天從你起床開始,只要有用到以下這些公司的服務,身為股東的我,就有

機會賺到你的錢：

1.電信、有線電視股

經濟再怎麼拮据，人們都有打電話的需求，總不能養一隻鴿子送信吧；「line」（智慧型手機的通訊行動應用程式）不用電話費，但也要有網路才能通呀！經濟再怎麼差，大家回家還是會看電視吧？即使你看的是網路電視，還是得用到第四台的寬頻或電信公司的數據線路吧？就算你出國旅遊 1 個月，沒看電視，也沒有打電話，但收到下個月的帳單，還是得繳這些基本費。每個月收電話費和網路費的電信股，現金收入源源不絕，可以說是存股的首選。

2.瓦斯股

瓦斯是公用事業，洗澡、煮飯都需要用到瓦斯，別告訴我，你在台北家裡是燒柴煮飯。台灣上市的瓦斯公司有大台北（9908）、新海（9926）、欣天然（9918）、欣高（9931）等，但是我只投資大台北（詳見 3-3）。

3.停車、保全股

如果你在全台嘟嘟房停車，我要謝謝你，因為我持有的中興

電（1513）是嘟嘟房的母公司；如果你在桃園路邊停車，我要謝謝你，因為是我持有的中保（9917）旗下的國雲路邊停車管理為你服務；只要你使用到的提款機、或者是曾經去消費的店家，貼著中興保全或新光保全貼紙，我也謝謝你，因為我也是新保（9925）的股東；連你去餐廳用餐，全台的銷售點系統（POS），可能也是我持有的中保旗下子公司幫你服務（開店快手）。

4.租車公司

　　2013 年時，我想到我的車貸即將在 2014 年繳清（我在 2008 年買車，車貸年利率約為 5%，當時可以輕易找到殖利率 8% 以上的股票，以機會成本判斷，還是買股票划算），每個月將會多出約 1 萬 4,000 元可支用，所以我在 2013 年 9 月向合作金庫銀行借了信貸 80 萬元，利率 2.37%、期限 7 年，月繳本利和大約是 1 萬 345 元。

　　借來的 80 萬元，我陸續在 2013 年買了 5 張 F- 中租（5871）、5 張裕融（9941），2014 年下半年買 1 張中華電（2412）。合計領取約 3 萬 9,500 元的現金股利、500 股 F- 中租股票股利（後於 2015 年 5 月賣出，進帳約 3

萬 9,000 元），合計約 7 萬 8,500 元。扣除 2014 年貸款利息約 1 萬 5,000 元，我淨賺 6 萬 3,500 元呢！

2015 年我已經將 F- 中租、裕融這兩檔股票賣出（賣出原因詳見 2-6），不過，還是來談談當初我的買進原因。F- 中租是台灣的租車業龍頭（中租迪和），在中國也有發展租賃事業，並且持續朝向多角化經營；2014 年向新日光（3576）旗下子公司，買入 71 座太陽能發電廠，這些發電廠帶有台電公司的合約，預計可賺取 20 年的穩定電費收入。

裕融主要的業務是汽車貸款以及汽車租賃事業（格上租車），旗下還有台灣最大的中古車批發商（行將企業）；汽車貸款利息、租車收入、中古車買賣獲利等，都是裕融的獲利來源。

看完以上這段，你可能會氣得牙癢癢，憑什麼你繳錢、我賺錢？我投資的公司遍及日常生活大大小小的服務，想不讓我賺你的錢，真的很難。既然如此，不妨加入我！你會發現，雖然你平常要繳電話費、瓦斯費、路邊停車費⋯⋯但是每年領到股利時，錢又能流回口袋，是多麼美好的事！

在尋找值得長期投資的產業時，可留心生活行為的變化，注意有什麼是可能被取代的商品。舉例來說，近年智慧型手機的出現，改變了多數人的行為。只要智慧型手機能開發應用的 App（行動應用程式），相關產品勢必衰敗。

例如智慧型手機都有計算機 App，除了商家或專業人士，一般人大概都不會買計算機隨身攜帶；智慧型手機的 GPS 定位，也取代了計步器功能；Google 地圖的免費導航功能，也侵蝕了不少車用導航機市場。

車用導航機只能裝在車上，手機的導航功能，不管用什麼交通工具旅遊，都可以隨身使用；所以我預判，未來實體導航機除了專業交通工具外，在一般消費者市場恐會被完全取代。

建立一籃子定存股，分散風險才安心

就算再怎麼喜歡一檔股票，也不能忘記「分散風險」的重要性，沒有人知道明天會發生什麼事，若只壓寶一檔股票，很難放得下心，特別是在乎穩定股利的存股族，更不能忽略，因此我的做法是「建立一籃子定存股」。

7 年前我的持股標的僅有 8 檔，截至 2016 年 2 月底的統計，我共持有 34 檔股票，由於部分是零股，表 1 僅列出我整體持股市值比重前 20 名的上市櫃股票給大家參考。

其實在我的一籃子定存股當中，前 5 大核心持股聚陽（1477）、大豐電（6184）、大台北（9908）、台灣大（3045）、台汽電（8926）就占了大約 8 成，都是民生必需產業且有寡占或產業領先地位的個股。

另外 2 成持股也多是民生必需產業，但也有一些零星的非民生必需個股，單一個股市值不會超過我整體持股市值的 5%。除此之外，我也有少數金融、電子股，會買進是因為當時的殖利率夠高；由於這類公司無法避免受到景氣循環影響，所以平時我不會特別去買，單一個股的持股比率也不超過 2%。

2016 年 1 月 30 日當日我做了一次上市櫃股票的篩選，符合「2015 年第 3 季每股盈餘較 2014 年同期成長、殖利率超過 5%、本益比低於 15 倍」條件的個股，就超過 180 檔以上。這麼多股票當中，只要符合我條件篩選出來的個股，價

格便宜的我就買,因此我並不會嚴格設定持股的檔數上限。

　　我持股當中比較特別的是成衣製造大廠聚陽,2010 年 3、4 月以均價約 71 元買進後,聚陽營收及獲利屢創新高,股價也大幅上漲,截至 2016 年 2 月底,這檔股票市值就占我的持股市值比重超過 30%。

表1 算利教官前5大持股,皆為民生必需產業

股票名稱（代號）	主要經營項目	市值占整體持股比重（%）	
聚　陽（1477）	成衣製造	31.0	
大豐電（6184）	有線電視	24.1	
大台北（9908）	天然瓦斯供應	11.3	
台灣大（3045）	通信、網路	10.9	
台汽電（8926）	發電廠	4.3	
F-慧洋（2637）	航運	2.7	
崑　鼎（6803）	廢棄物處理、售電	2.5	
瑞　智（4532）	冷媒壓縮機	1.9	
日　友（8341）	醫療廢棄物處理	1.8	
致　新（8081）	電源管理IC	1.8	
中再保（2851）	保險	1.6	

　　其實我買進時，也沒有料到它會有如此高的成長性，我只是單純投資一家我看好的公司；除了曾經在 2013 年為了調節持股而出脫一部分，其餘部位都繼續持有，也參與過公司的現金增資。即使股價在 2015 年底，從 300 元左右高點跌到 200 元我也沒有出清，因為聚陽的 2015 年獲利又創新高，我對它深具信心（關於我對聚陽的研究，詳見 3-1），只要它

──算利教官持股市值前20名標的

股價（元） （2016.02.26）	現金股利（元）		
	2014年	2013年	2012年
208.00	7.70	7.69	6.14
48.35	1.99	2.50	2.00
22.60	1.00	1.00	1.00
102.50	5.60	5.60	5.50
24.50	1.60	1.20	1.20
36.50	2.92	2.00	1.75
165.50	9.26	9.01	8.86
25.75	2.00	1.50	1.50
149.00	2.20	2.00	0.80
81.50	6.00	5.65	7.10
15.00	1.20	1.20	0.50

續接下頁

股票名稱（代號）	主要經營項目	市值占整體持股比重（％）	
中華電（2412）	通信、網路	0.9	
遠　傳（4904）	通信、網路	0.7	
中　保（9917）	保全服務	0.7	
信　邦（3023）	連接線、連接器	0.5	
新　保（9925）	保全服務	0.4	
全國電（6281）	家電產品通路	0.4	
炎　洲（4306）	膠帶	0.3	
五　鼎（1733）	血糖測試片、測試儀	0.3	
寶　成（9904）	鞋類製造	0.3	

註：1.統計時間截至2016.02.26；2.本表年度為股利所屬年度（實際發放為隔年度）；3.殖
利率計算方式＝現金股利／當年度平均收盤價
資料來源：證交所、公開資訊觀測站　　整理：楊禮軒

能夠繼續成長、擁有亮麗的獲利，我就打算續抱。

剛開始投資的朋友，建議可以從你最有信心、最有把握的公
司開始買，小資族的資金不多，可以從零股慢慢湊成 1 張，
接著再買第 2 檔、第 3 檔。

至於一共要持有幾檔？每檔的比重多少？產業類別怎麼分
配？都可以自己決定。畢竟每個人的個性和風險承受度都不

股價（元） （2016.02.26）	現金股利（元）		
	2014年	2013年	2012年
104.50	4.86	4.53	5.35
69.50	3.75	3.75	3.50
92.50	4.00	3.50	3.40
65.30	2.75	2.50	2.00
38.90	1.90	1.80	1.80
58.20	3.90	3.50	4.90
12.40	0.25	0.44	0.49
44.10	2.50	3.30	4.50
41.25	1.50	1.00	1.50

同，在投資過程中，隨著追蹤公司基本面與股價的變化，你就會慢慢知道自己最適合買哪類股票；假以時日，就會自然形成最適合你的一籃子存股組合。

2-5
側面觀察籌碼、財報
吃下投資決策定心丸

　　除了從產業及獲利指標觀察個股表現，我還會從籌碼、財報面向，讓投資決策更加謹慎。這些因素往往也是散戶會忽略的地方，因為投資者通常不會去翻閱財報，僅靠一些財務分析軟體，看每股稅後盈餘（EPS）很高就跳下去買股票，這是很危險的事。

　　舉例來說，王品（2727）集團旗下品牌當中，我以前最常去的就是原燒跟品田牧場，聚火鍋、陶板屋、西堤、王品、藝奇也會去吃，但是近年來去吃的頻率愈來愈低了。因為我發現，到王品旗下餐飲用餐，感受到的服務態度流於形式，服務人員常常面無表情地念完一長串台詞，失去了人與人互動的溫度，而集團內的餐飲口味也很制式化。我認為，王品如果沒有改變這種服務方式，對我個人都沒吸引力了，更何況是整個市場呢？這將可能是獲利衰退的開始。因此，儘管王品2012年上市時相當風光，獲利數字也很亮眼，我仍沒有興趣買進。

從董監事、大股東持股，檢視籌碼穩定度

買進股票時，基本上我會希望股權穩定，會留意大股東是否經常趁股價好就申報轉讓；買進後，我也會注意董監及大股東的動態，畢竟董監及大股東是最熟悉公司營運的人，當然最了解公司的價值。

以我長期持有的大豐電（6184）為例：大豐電每年股東會都租用新北市政府會議室辦理，2014 年我去開股東會時是爆滿的，只剩 3 個位子給我挑；2015 年大豐電位於新北市土城區的總部大樓落成，還是選在新北市政府會議室召開股東會。為此我還特別寫信給發言人，詢問為何不在總公司召開？發言人的回覆是，擔心總部大樓的會議室容納不下。

結果 2015 年股東會，全場到的人，大概只剩下大股東跟法人，應該不超過 20 位，散戶大概只有我 1 位，整個股東會非常平和，沒有任何股東發言，最後只有小弟我上台提了 2 個建議。

為何會有這種情形呢？大豐電向來配發股息都很大方，然而

因為跨區經營基礎建設布建跟總部大樓興建都需要現金，所以股息自 2013 年度的 2.5 元（2014 年配發）降到 2014 年的 1.99 元（2015 年配發）。很多散戶把大豐電當作優質的定存股，但原本每年 6% ～ 7% 的現金殖利率突然降到 4%，很多散戶就選擇跟大豐電分手了。

因為有線電視開放跨區經營的關係，大豐電確實從寡占優勢，開始面臨競爭壓力（詳見 3-5），因此我也不再加碼，不過我也暫時不考慮出脫持股。觀察董監事及大股東近幾年持股的變化情形，大豐電的全體董監事持股張數，從 2013 年 10 月到 2016 年 1 月都沒有變化，而且董監事及大股東也都沒有申讓股票的情形，最多只有轉讓給配偶跟子女，可見他們對公司還是很有信心。

2015 年 8 月大豐電在新北市經營新區域陸續開台，因為競爭因素，導致跟中嘉系統台殺價競爭，淨利逐步下滑，很多散戶此時更是逃之夭夭，可是我發現大豐電擁有 400 張以上大股東持股比率是持續增加的。由台灣集中保管結算所的股務資訊服務平台（www.tdcc.com.tw/smWeb）發現，400 張以上大股東持股由 2015 年 8 月 28 日的 72.9%，到

2016 年 2 月 5 日達到 75.7% 的比率，大股東在這期間還增加 3,973 張股票（詳見圖 1、表 1）。

　　另外，我也注意到在 7 月時，大豐電有一段時間股價連日上漲，我從我的下單系統元大點金靈，發現期間主要下單的券商是中信證券的台中文心分行，而且 2015 年 4 月 1 日至 6 月 30 日一共買超 3,453 張。台中有誰會對大豐電這麼有興趣？長年追蹤有線電視發展的我，想到了會不會是同樣位於台

 大豐電股價跌，大戶持股比重卻不減反增
──大豐電（6184）大戶與當日股價連動關係圖

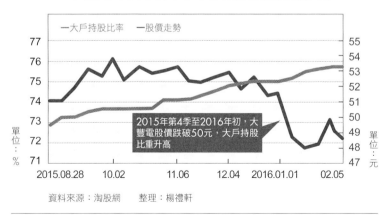

資料來源：淘股網　　整理：楊禮軒

大豐電大股東半年間增加約3973張股票
——大豐電（6184）持股400張以上股東持股數量比較

2015.08.28

持股分級	人數（人）	股數（股）	占集保庫存數比率（%）
400張1股～600張	4	2,047張991股	1.5
600張1股～800張	5	3,620張	2.6
800張1股～1,000張	1	813張132股	0.6
1,000張1股以上	9	9萬5,566張376股	68.3
合計		**10萬2,047張499股**	**72.9**

2016.02.05

持股分級	人數（人）	股數（股）	占集保庫存數比率（%）
400張1股～600張	5	2,396張531股	1.7
600張1股～800張	5	3,620張	2.6
800張1股～1,000張	1	813張132股	0.6
1,000張1股以上	10	9萬9,191張376股	70.8
合計		**10萬6,021張39股**	**75.7**

註：占集保庫存數比率四捨五入至小數點後第一位，因此合計數有些微誤差
資料來源：股務資訊服務平台網站　　整理：楊禮軒

中市文心路的台數科（6464）？

台數科的全名是台灣數位光訊科技股份有限公司（2015 年
12 月興櫃轉上市），是中彰投地區的有線電視公司。由於我
無法確定那個台中的證券分行的下單紀錄就是台數科，只能從
季報來證實。

2015 年第 1 季，台數科與旗下子公司並沒有大豐電的持
股；但是到了第 2 季，台數科旗下的子公司，卻出現了一共
2,202 張大豐電的持股；到了第 3 季，持股又增加到合計
4,872 張。

台數科是中彰投地區有線電視業者，當然了解有線電視的獲
利模式。大豐電董監事持股沒有異動，同業、大股東還加碼買
股票，那麼我這個小散戶有什麼好擔心的？

從銀行借款條件、會計師查核意見評估公司體質

另外還有 2 個小細節，也是我在挑股時會觀察的。就算公
司的各種條件都很好，但如果有以下其中 1 項出現疑慮，我

還是會列入觀望：

細節1》銀行借款利率突然升高，公司可能出現疑慮

公司舉債經營是很正常的事，透過銀行舉債，拿銀行的錢來賺錢，反而能夠提升股東權益報酬率（ROE）。因為錢是向銀行借出來的，銀行比我們還在意公司的體質，如果對公司的經營有疑慮或認為體質不好，通常銀行放款的利率就會比較高。

例如 2014 年第 4 季食安風暴爆發，觀察風暴發生之前的 2013 年年報，食品股味全（1201）的銀行借款契約資料，有幾筆無擔保信用貸款利率都僅有 1.30% ～ 1.35% 左右，部分則是 1.40%；事件發生後，2014 年年報所顯示的銀行借款契約資料，僅剩一筆無擔保信貸，利率從原本的 1.307% 提高到 2.014%；其他筆貸款則都需要土地或廠房抵押，利率也有所提高，甚至有一筆高達 3%（詳見圖 2）。

銀行給予的放款利率高低，多多少少代表銀行對於公司體質的看法，所以買進股票時，我也會把這一項列為考慮的因素。當市場環境沒有大變化，銀行給予的借款利率卻突然升高，就要注意這家公司是否發生疑慮。

食安風暴發生後，味全的信貸利率大幅升高
──以味全（1201）年報銀行借款契約表為例

2013年年報

中長借款	第一銀行	102.12.03~104.12.03	借款金額新台幣 520,000 仟元，利率 1.45%，抵押物：台中廠。	無
中長借款	遠東銀行等 4 家	101.03.12~106.03.11	借款金額新台幣 1,500,000 仟元，利率 1.307%，信貸。	本公司於貸款存續期間內，應維持下列財務比率二項以上－流動比率 80%以上、負債佔股東權益比率 250%以下，利息保障倍數 3 倍以上
中長借款	匯豐銀行	102.12.12~104.12.14	借款金額新台幣 250,000 仟元，利率 1.3%，信貸。	無
中長借款	彰化銀行	102.11.21~104.11.21 102.12.30~104.12.30	借款金額新台幣 270,000 仟元及 80,000 仟元，利率 1.4%，抵押物：信貸。	無
中長借款	中國信託銀行	102.09.27~104.09.27	借款金額新台幣 300,000 仟元，利率 1.4%，信貸。	無
中長借款	台灣工業銀行	102.12.17~104.12.27	借款金額新台幣 100,000 仟元，利率 1.3594%，信貸。	無
中長借款	合作金庫	103.04.02~104.04.02	借款金額新台幣 200,000 仟元，利率 1.35%，信貸。	無

2014年年報

中長借款	第一銀行	102.12.03~104.12.03	借款金額新台幣 520,000 仟元，利率 1.637%，抵押物：台中廠。	無
中長借款	遠東銀行等 4 家	101.03.12~106.03.11	借款金額新台幣 1,500,000 仟元，利率 2.014%，信貸。	本公司於貸款存續期間內，應維持下列財務比率二項以上－流動比率 80%以上、負債佔股東權益比率 250%以下，利息保障倍數 3 倍以上
中長借款	彰化銀行	102.11.21~104.11.21 102.12.30~104.12.30	借款金額新台幣 270,000 仟元及 80,000 仟元，利率 1.9%，抵押物：三重土地。	無
中長借款	中國信託銀行	103.09.29~105.09.29	借款金額新台幣 300,000 仟元，利率 2.2%，抵押物：高雄廠。	無

註：年報資料為部分摘錄　　資料來源：公開資訊觀測站　　整理：楊禮軒

細節2》簽證會計師若出具「保留意見」，當心被打入全額交割股

公開發行的公司財報，都需要會計師事務所 2 位以上會計師，共同簽證後才能公開。目前國內最具有公信力的簽證會計師事務所有 4 大：勤業眾信、資誠、安永、安侯建業。原則上，只要財報不是這 4 大負責的，我就不太有興趣研究下去。我認為較有公信力的會計師事務所，在內部管理與稽核上較為嚴謹，所經手的財報具可信度；而且他們的財報規範有其固定的格式，看久了也會比較順手。

財務報表的開頭，都會有一封「會計師核閱報告書」，即可看到署名的簽證會計師是屬於哪家事務所；年報當中，也會有近幾年度的會計師事務所名稱（詳見圖 3）。

要注意的是，季報只需要會計師「核閱」，不會出具查核報告，但是年報一定需要會計師「查核」。觀察「查核意見」，必須是「無保留意見」或「修正式無保留意見」，才能代表這份財報是值得參考的。

要是查核意見是顯示「保留意見」，代表這份報告可能有點

年報應揭露近年會計師查核意見資訊
——以大豐電（6184）2014年年報為例

(七) 最近五年度簽證會計師姓名及查核意見

簽證年度	會計師事務所名稱	會計師姓名	查核意見
99年	資誠聯合會計師事務所	吳漢期、林鈞堯	無保留意見
100年	資誠聯合會計師事務所	吳漢期、林鈞堯	無保留意見
101年	資誠聯合會計師事務所	吳漢期、林鈞堯	無保留意見
102年	資誠聯合會計師事務所	吳漢期、張淑瓊	無保留意見
103年	資誠聯合會計師事務所	吳漢期、張淑瓊	修正式無保留意見

註：年報資料為部分摘錄　　資料來源：公開資訊觀測站　　整理：楊禮軒

問題，若排除例外狀況後（詳見註 1），則會被打入全額交割股，投資人不要貿然投資；若是「否定意見」或「無法表示意見」，那麼你可能是發現地雷股了，這檔股票即將會終止交易。

財會主管頻繁更換或公司內鬥，投資人少碰為妙

依據《證券交易法》規定：「財務報告應經董事長、經理人

註 1：例外狀況是指金融機構的財務報告，若出售不良債權而產生損失，可分 5 年攤提，簽證會計師會對此出具保留意見，並在查核報告中充分揭露可能影響的科目及金額。

及會計主管簽名或蓋章，並出具財務報告內容無虛偽或隱匿之聲明」、「有價證券之募集、發行、私募或買賣，不得有虛偽、詐欺或其他足致他人誤信之行為。發行人依本法規定申報或公告之財務報告及財務業務文件，其內容不得有虛偽或隱匿之情事。違反第一項規定者，對於該有價證券之善意取得人或出賣人因而所受之損害，應負賠償責任」。

財會主管是一家公司的大總管，是最貼近公司內部機密的要角，基本上不會輕易地頻繁更換。如果一家公司內部財會主管異動頻繁，必須了解他異動的原因，如果 1 年內多次更換就得注意，有可能是會計主管不願配合財務相關舞弊或隱匿，所以情願離職。這樣的公司，投資人少碰為妙！

另外，要注意的還有一家公司的經營權是否穩定。我剛接觸投資的時候，常有前輩建議：投資一家公司，必須關注它的經營者；一家有誠信、老闆或經營團隊用心經營的公司，才是投資人可以長久依賴的公司。不過我們卻常常看到，有些上市櫃公司捲入家族或大股東經營權之爭，難免出現經營階層惡鬥的戲碼，根本難以同心協力好好經營公司，這類公司我也會盡量避開。

查詢董監事持股狀況

Step1 前往公開資訊觀測站（mops.twse.com.tw），點選❶「基本資料」後，選擇❷「董監大股東持股、質押、轉讓」項目下的❸「董監事持股餘額明細資料」，即可進入查詢頁面。

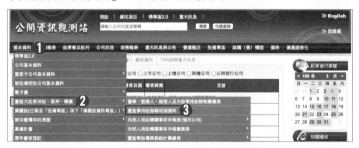

Step2 在查詢頁面中，選擇❶「歷史資料」後，輸入❷「公司代號或簡稱」、欲查詢的❸「年度（民國年份）」與「月份」，並按下❹「搜尋」，在查詢結果頁面最下方，就會顯示❺「全體董監持股合計」股數。

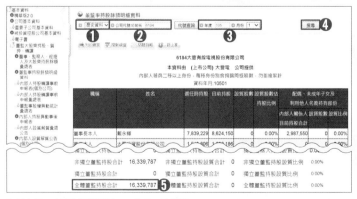

資料來源：公開資訊觀測站　　整理：楊禮軒

2-6
當持股出現5訊號
謹慎評估並做適當處分

　　我的基本存股原則是買進之後長期持有,目標是以賺股息為主,但也不是永遠不賣。我會在每次季報出爐時,重新檢視手上個股的基本面,平常也會看看股價走勢,每月上旬注意公司營收變化。如果發生以下 5 種訊號其中之一,我就會謹慎評估,將這些股票列入觀察名單、停止加碼,或是獲利了結、換股操作。

訊號1》**股價上漲、殖利率下降,部分賣出實現獲利**

　　當股價愈來愈高,殖利率已降低到 5% 以下,我就會考慮賣出一部分股票,取回現金,找其他殖利率 5% ～ 6% 的標的,如此一來,我整體資產的殖利率又能往上增加。例如,我在 2013 年陸續處分了 10 張聚陽(1477),價格在 140 元～ 200 元之間,不計算領到的股利,光是價差就賺了 1 倍(詳見圖 1)。

股價上漲可賣出部分持股，讓獲利落袋
——以聚陽（1477）為例

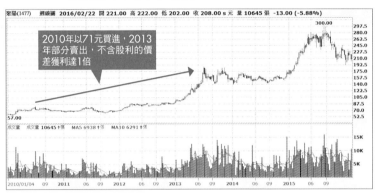

資料來源：公開資訊觀測站　　整理：楊禮軒

　　後來我將部分賣出聚陽的現金投入殖利率 5% ～ 6% 的瑞智（4532），瑞智的主要產品是中小型空調設備的壓縮機。當時家裡剛好換了 3 台冷氣，我發現冷氣壓縮機是消耗品，而瑞智的市占率是全球第 4，在研究過財報數據後，決定進場。

訊號2》**股利來源開始吃公司老本，趕緊換股操作**

　　原先我持有的電信類股以中華電（2412）與遠傳（4904）

為主,但從 2014 年起我改以台灣大(3045)為主,中華電及遠傳僅剩零星持股。台灣大的發展多元,除了無線通訊、還擁有有線電視系統,未來只要 NCC(國家通訊傳播委員會)同意三網合一,有線電視網路與市話、行動電話可以互通的話,台灣大等於是打通最後一哩路。

遠傳從 2003 年以來一直穩健配發現金股利,且都是來自當年度的盈餘。不過 2012 年要領股利之前,我發現股利來源竟有一部分是來自資本公積—— 2011 年度的現金股利 3 元,其中 2.469 元來自盈餘,另外 0.531 元則是資本公積(詳見表 1),占當年股息將近 18%。從資本公積配發股利是獲利能力下滑、開始吃老本的跡象,所以我沒有等到除權息,就決定馬上換股(只留下 1 張及部分零股未賣出)。

訊號3》**市場環境有疑慮,必要時出清持股**

2015 年 5 月,我幾乎每隔 2 ~ 3 天,就會接到一通問我要不要借錢的電話,曾有一天接過 4 通;甚至還有某租賃業打電話給我,説我在 2008 年買的那輛車可以借 120 萬元。我忍不住想,是不是我借錢借出口碑了,所以大家都要借錢給

表1 遠傳近年的現金股利有部分來自資本公積

——遠傳（4904）近10年股利發放情形

股利 所屬年度	現金股利（元）		股票股利 （股）	股利合計
	盈餘分配之 現金股利	法定盈餘公積、 資本公積發放之現金		
2006	3.100	0.0	0	3.10
2007	3.100	0.0	0	3.10
2008	2.800	0.0	0	2.80
2009	2.800	0.0	0	2.80
2010	2.500	0.0	0	2.50
2011	2.469	**0.531**	0	3.00
2012	2.928	**0.572**	0	3.50
2013	3.164	**0.586**	0	3.75
2014	3.167	**0.583**	0	3.75
2015	3.174	**0.576**	0	3.75

註：2015年度股利數據為董事會通過版本　　資料來源：公開資訊觀測站　　整理：楊禮軒

我？其實我那輛車的新車價都不到120萬元，租賃業這樣子浮濫放款，該不會我搬顆石頭過去，都會借我錢吧？租賃業會不會跟信用卡一樣，造成後面更多的呆帳？

其實，租賃業在我的持股當中，是唯一沒有通過金融海嘯考

驗的（F-中租（5871）2008年本業為虧損，而後開始轉好），
再加上 2015 年市場對於美國、台灣都有升息預期（後來年
底美國小幅升息、台灣反而降息），利差恐愈來愈少。

但我最擔心的問題，是市場的資金浮濫，租賃公司爛頭寸太
多，在這種競爭下，對放款品質的管控應該是有疑慮的。所以
2015 年 5 月時，我就處分掉手中的 5.5 張 F-中租，以及 5
張裕融（9941）股票，賣出後直到 2015 年 8 月股災最低點，
F-中租大跌超過 4 成，裕融也跌逾 2 成，我很幸運地躲過。

訊號4》**看到好股票非理性大跌，適當調節換股**

沒有達到我賣出警訊的個股，我基本上是不會輕易賣出的，
但是，若發現有我喜歡的好股票，出現了非理性的大跌，而手
裡剛好沒有現金，我就會選擇出脫手裡殖利率較低、且預判未
來沒有成長性的個股，把資金拿來買進暴跌的好股票。

舉例來說，2015 年台汽電（8926）從 4 月底的 30.5 元
高點，一路崩跌到 8 月 24 日股災的 19.9 元（假設隔年同樣
配發 1.6 元的現金股利，19.9 元買進，現金殖利率達 8%），

因為對台汽電有持續的研究與追蹤，我就趁此機會，出脫手中的電子廢棄物處理廠綠電（8440）換現金。我的考量如下：

1. 綠電於 2015 年 8 月發布重大訊息，打算出清與中國中再生集團合資的中綠資源再生公司股權，但是這個轉投資算是金雞母，綠電 2014 年的獲利主要靠它的貢獻。

2. 由於金屬價格持續低迷，廢棄家電及資訊用品收購成本高（業界搶貨），雖有環保署的廢棄物處理收入，絕對不會倒，要虧損也不容易，但是考量獲利勢必衰退（預估 2015 年殖利率最多只有 2%），不如出售綠電，買進台汽電，這樣相當可換取 4 倍股息。

訊號5》**業外投資高額衍生性商品，列入觀察名單**

大豐電（6184）可説是我持有最久的標的，雖然配息一直很穩定，但是大豐電在 2008 年的財報出現一筆委外投資金融商品的虧損，損失金額好幾千萬元，讓我印象深刻。因此，當我看到 2013 年大豐電又買了同一家資產管理公司的人民幣基金時，我就很有疑慮，也因此暫停加碼大豐電，並將其列

入觀察名單。

股市高點順勢調整，漲多獲利優先償還高利信貸

我在投資股票期間，也經歷過 2008 年金融海嘯時帳面價值腰斬的情況，只要個股前景沒問題，我並不擔心股價的波動，並且我完全持有現股，貸款的資金多為長期性融資，風險係數並不高。

只是隨著近年來股市水漲船高，2015 年上半年甚至達到萬點，殖利率下降，可選擇的標的也變少了，因此 2015 年初開始，我只要有零星資金，就會開始償還 7 年期的信貸。因為這筆貸款的利率 2.37%，是所有貸款中成本最高的。股市總是有起有落，當行情下滑，好股票的殖利率再度上升，也許我可以申請到利率更低的貸款，來逢低買進股票。

善用手機與雲端功能，個股資訊不漏接

很多人說，沒有時間可以研究財報跟年報。我退休之前，在台北上班，每天通勤時間至少 2 小時；如果沒有開車，就會

騎車去龍潭公車站,再搭國道客運到新北市中和的智光商職,再轉公車到學校(華夏科技大學)。我會趁這 2 小時的通勤時間,運用智慧型手機的行動股市 App(行動應用程式),來閱讀個股新聞及財報資訊。

我建立了 150 檔關注名單,並且設定好「警示通知」,只要關注名單裡的個股有新增新聞,或者是股價進入自行設定的買進價,App 就會自動推播警示資訊。舉例來說,過去我買進大豐電期間,股利約為 2.5 ~ 3.0 元,透過 App 推播設定,只要價格低於 50 元,代表殖利率有 5% ~ 6%,而當我接收到警示通知的時候,就會視資金狀況買進。我的運作方法如下:

1. 我的行動股市 App 共可設定 5 組自選股群組,每組 30 檔個股(證券公司的行動下單 App 系統都很類似),我把自選股的第 1、2 組,設定為已持有個股;自選股第 3 ~ 5 組,則是尚未買進、但持續觀察的潛力股清單。

2. 先各別計算每一檔股票欲買進價位,可用預期發放的現金股利來推算。我將股價分為便宜價、合理價、借錢也要買進價,並且通常將合理價(近 10 年平均現金股利 ×20 倍)設

按資料夾統整個股資訊，放在雲端隨時查詢
——算利教官Google雲端硬碟歸檔方式

7432_易心	8072_陸泰	2489_瑞軒	6189_豐藝
4172_因華	8440_綠電	4972_港石	6224_聚鼎
3305_昇貿	2616_山隆	3030_德律	1582_信錦
1517_利奇	6508_軍光	9925_新保	1232_大統益
1210_大成	2851_中再保	6505_台塑化	1513_中興電
9941_裕融	6464_台數科	3218_大學光	3023_信邦
4532_瑞智	8341_日友	6803_崑鼎	4904_遠傳

資料來源、整理：楊禮軒

定為「警示通知」價格，當警示畫面跳出，就是我可以考慮買進的時機。

除了行動股市 App，我也會透過 Yahoo！奇摩股市與自建的 Excel 表格，記錄股市投資組合的市值與變化。我都把這些資料放在 Google 雲端硬碟裡，在任何時間、地方，都可以隨時下載到手機裡，直接開啟、修正。

由於行動股市 App 主動推播的資訊只限新聞報導，不會推

播其他網路資訊,如部落格、討論區等,為求能掌握更多資訊,我還會搭配 Google 快訊的關鍵字搜尋,收集更多個股資訊。

另外,持股公司的年報、季報,以及閱讀後有用的個股資訊與新聞,我也會歸檔存放在 Google 雲端硬碟裡,以「代碼_公司」命名資料夾(詳見圖2),將來若要尋找資料,或是重新檢視公司體質變化,就有歷史資料可循。

運用行動股市App設定警示通知

設定自選群組

以元大銀行行動股市 App「元大行動精靈」為例,登入之後,進入❶「自選報價」頁面後,點選❷「新增自選」,在❸「請輸入欲查詢的股票代號或名稱」中輸入欲觀察的個股並按「確定」。

續接下頁

設定警示通知

每個自選群組的個股，都可以設定個股警示通知。例如你希望台汽電（8926）股價到達 20 元時，系統就跳出警示通知，就可以在自選群組頁面中，點選❶「編輯」，進入編輯頁面後，再點選台汽電的❷「警示」圖示，即可進入設定頁面。接著在❸「通知條件」中設定「成交價格低於」，❹「條件值」設定為「20」元，並選擇 ❺「通知次數（可選擇 1～不限次）」後，最後點選❻「新增設定」即可，而成功設定的條件會出現在頁面下方。

資料來源：元大行動精靈　　整理：楊禮軒

Chapter 3

實例分享

抓對加碼好時機

從民生必需品尋找好公司
——以聚陽為例

2015 年 8 月下旬發生了台股投資人難忘的股災,大盤從同年 4 月萬點左右開始下跌,最低在 8 月下旬跌到了 7,203 點。不過眼尖的投資人可以注意到,紡織雙雄聚陽(1477)、儒鴻(1476)接連創下股價新高。聚陽在 8 月漲到 300 元,儒鴻在 9 月漲到 549 元,跟 5 年前只有幾十元的股價相比,漲了好幾倍。如果早一點存到這兩家公司的股票,資產想必有大幅的成長。

我持有聚陽已將近 6 年,2010 年 3 月至 4 月陸續買進,成本約 71 元,曾經為了調節資產配置而在 140 ~ 200 元部分出脫,實現獲利約 130%。

截至 2016 年 2 月 26 日,我手中共持有 20 張聚陽股票及一些零股(包含 2014 年參與現金增資,以及 2015 年領到的股票股利),再加計 5 年來領取的現金股利 72 萬 4,000

元,累積報酬率約有 250%(以 2016 年 2 月 26 日收盤價
208 元計算)。最近兩年也將這幾張聚陽股票信託,平均 1
年又可多賺 6 萬 5,000 元的借券利息。

我的目標是存股,不是追飆股;買進之前,也沒有預測到它
會漲這麼高。我的心態只是想長期持有一家具有發展前景的好
公司;這幾年聚陽營收與獲利仍在成長,2015 年營收與獲利
又繼續創新高,所以儘管聚陽曾經漲到 300 元,我還是沒有
賣出的打算,準備繼續放在借券信託帳戶裡,每年領配息及借
券利息。除非又出現調節資產配置的需求,或是公司基本面轉
壞,我才會想出脫。

掌握紡織產業脈動,聚陽提前在越南設廠

很多人認為紡織是夕陽產業,對此產業普遍存在價值偏誤,
卻沒有注意到產業當中有部分好公司很努力地經營、漸漸走出
一片天。

我在 2007 年剛開始投資股票時,因為媒體的報導,注意
到聚陽這家公司。聚陽在台灣是成衣業龍頭,主要客戶為美國

的賣場、百貨等；1990 年成立，2003 年 1 月掛牌上市。根據《天下雜誌》的介紹，聚陽獲選為 2006 年紡織業中聲望最高、最推崇的企業，而且也獲得美國《商業週刊》（編按：現已改為《彭博商業週刊》Bloomberg Businessweek）評選為 2006 年度亞洲 100 大熱門成長公司第 71 名。

當時 2006 年的年報尚未公布，我回頭研讀 2005 年及之前的年報，發覺公司對於市場的掌握非常透徹。

聚陽在 2005 年年報中強調，美國與歐盟是全球成衣的兩大進口國（詳見圖 1），以進口值居冠的美國而言，雖然美國人民對於服飾與鞋類的支出，僅占消費總額的 4%，但是隨著國民所得成長，消費支出也跟著成長。對成衣業者而言，美國無疑是最重要的市場。

而在 1974 ～ 2004 年這段期間，全球的紡織市場實施配額制度，原因是美國為了保護自家紡織業，限制各國紡織品進口數量，以避免低價傾銷。就在 2005 年之前的 10 年，配額制度開始分階段取消，並於 2005 年完全解除，這代表著紡織業要走向自由競爭的戰國時代。聚陽對於將要到來的競爭

2004年美國、歐盟為全球成衣主要進口區
——2004年全球前10大成衣進口國

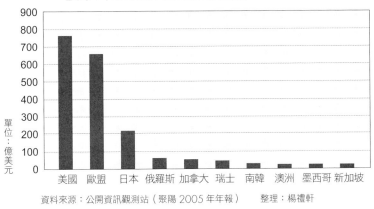

資料來源：公開資訊觀測站（聚陽 2005 年年報）　　整理：楊禮軒

也提前做了準備，除了拓展產品線，也於人力成本較低的越南等地設廠，降低生產成本。

　　2005 年中國與印度兩大國家的紡織品出口呈現大幅成長，美國與歐盟擔心中印傾銷，又另外實施防衛政策來遏止中印兩國的紡織業勢力。再加上越南即將於 2007 年正式成為 WTO（世界貿易組織）會員國，聚陽十分看好越南有潛能成為紡織品出口國的新勢力，因而持續擴大越南、印尼及柬埔寨

等地的投資規模，種下了成功的種子。

確認產業潛力佳，著手研究聚陽基本面

確認聚陽深具發展潛力後，我在 2007 年買了 1 張試單，當年除息後小賺價差就把它給賣了，只剩下 49 股的零股在戶頭，可是我還是持續關注這檔股票。2008 年金融海嘯時，聚陽的股價最低曾經跌到 20.9 元，甚至在 2008 年第 4 季出現單季虧損，不過 2008 年度的 EPS（每股稅後盈餘）仍有 1.96 元。

2009 年 10 月開始，4 個月當中有 3 個月的單月營收年增率超過 20%。2009 年 12 月，累計營收突破 2008 年同期累計營收，結束了近 2 年的衰退。2010 年起，累計營收均較 2009 年同期成長，營運動能恢復強勁，我再搭配基本的個股條件分析後，準備開始進場。以下根據本書 2-3 的評估方式，檢視當時的聚陽是否符合買進條件：

條件1》歷年平均現金殖利率是否高於5%

聚陽自 2003 年上市，從 2003 ～ 2009 年的資料，平均

2009年前聚陽現金殖利率平均達7.58%
——聚陽（1477）歷年股利表

股利 所屬年度	現金股利 （元）	股票股利 （元）	當年度年底 股價（元）	現金殖利率 （％）
2003	3.70	1.50	62.0	5.97
2004	3.10	0.50	44.0	7.05
2005	3.74	0	43.5	8.60
2006	4.64	0.49	70.9	6.54
2007	5.97	0	74.8	7.98
2008	2.00	0	23.9	8.37
2009	5.17	0	60.6	8.53
平均殖利率				**7.58**

資料來源：公開資訊觀測站、證交所　　整理：楊禮軒

現金殖利率達 7.58%（詳見表 1），非常不錯。雖然金融海嘯時期獲利衰退，但是復甦成長的動能是穩定的。

條件2》是否具有獨占利基或龍頭地位

　　成衣業的門檻較低，聚陽非屬於具有獨占利基的企業，但在台灣是成衣業的龍頭企業，2010 年第 1 季 EPS 比儒鴻 2009 年全年盈餘還要高。

條件3》獲利能力是否穩健

以下從聚陽歷年財報數字（詳見表２），來評估其獲利能力：

1. 歷年獲利是否穩健、EPS 大於 1 元：自 2003 年上市以來未見虧損，除了 2008 年金融海嘯時期獲利大幅衰退之外，2009 年很快又恢復獲利力道，且 EPS 皆大於 1 元。

2. 毛利率是否高於 20%：2005 年至 2009 年，5 年當中有 3 年毛利率達 20%，其中，2005 年也有近 19%，2008

表2 **聚陽自2003年起現金股利發放率皆逾60%**

	EPS（元）	毛利率（%）	營業利益率（%）	
2003年	5.50	20.22	9.42	
2004年	5.05	16.45	8.93	
2005年	4.85	18.96	9.09	
2006年	6.66	20.29	9.60	
2007年	7.86	21.53	10.82	
2008年	1.96	16.24	5.35	
2009年	5.80	21.66	10.13	

資料來源：公開資訊觀測站　　整理：楊禮軒

年金融海嘯時為 16%。

3. **本業是否賺錢**：聚陽歷年的營業利益皆為正數。

4. **營收是否穩健，不能大起大落**：2005 年聚陽年營收站上新台幣百億元，2006 年至 2009 年，年度營收皆在 125 億元至 149 億元之間。

5. **業外投資是否穩健**：業外投資收入占營收比重僅不到1%，

——聚陽（1477）歷年獲利概況

營收（元）	業外收入占營收比重（％）	現金股利發放率（％）
82億8,269萬	0.19	**67.3**
85億6,514萬	0.65	**61.4**
103億7,700萬	0.70	**77.1**
125億5,573萬	0.53	**69.7**
148億4,504萬	0.69	**76.0**
131億8,520萬	0.33	**102.0**
133億1,093萬	0.78	**89.1**

無重大影響。

條件4》股利是否持續且穩定

　　聚陽從 2003 年開始,現金股利發放率都在 60% 以上(詳見表 2)。2003 年、2004 年、2006 年雖然有配發資本公積轉增資的股票股利,考量到當時聚陽仍處於成長狀態,且股利來源主要仍是來自盈餘,仍然算是不錯。

確認獲利能力佳,2010年以接近便宜價買進

　　我的存股配置核心是民生消費股,聚陽生產成衣,屬於民生產業,其產品滿足的是需求層次中最底層、最基本的生理需求(生存需求)。獲利雖仍不免受到 2008 年金融海嘯波及,但較其他產業而言,市場需求面相對穩定,而且金融海嘯當年仍是賺錢的,EPS 有 1.96 元。再觀察當時聚陽面臨的產業環境,可從產業供給面和需求面來看:

供給面》高成本產區移往低成本產區

　　2007 年之後,全球紡織品市場的供給面漸漸出現了重組與移動——高度開發國家往低度開發國家移動,高成本生產區往

低成本生產區移動。

紡織品出口大國中國在 2008 年起，由於基本工資及相關福利制度的調整，造成整體生產成本增加，廠商勢必得尋找成本更低的生產基地。另外，過去因考量關稅優勢及配額限制而在中南美洲設廠的廠商，也在成本及風險的壓力下加速縮減生產規模或撤廠。到哪裡找便宜的人力呢？勞力充沛、成本低廉及產業群聚完整的東南亞成了最佳選擇。

需求面》零售商偏好集中採購以強化議價能力

2008 年發生金融海嘯，美國零售市場的銷售金額也出現明顯滑落。物超所值的商品成了消費者購物的第一考量，也迫使成衣零售價格下滑、或進行折扣戰，以留住消費者的心。對於零售及通路業者而言，更是不得不加速集中供應商，並移往低成本的國家採購，透過集中採購以強化議價能力。

同時，由於市場流行走向變化快速、難以預測，零售及通路業者必須調整採購策略，除了延後採購決策時間外，也同時從過去一次性採購改為多次採購，以降低市場風險，減少庫存成本壓力。

供需雙方都出現變化，東南亞國家如越南、柬埔寨、印尼等地，因為具有產業群聚特色，可整合生產流程的各段價值活動，提供客戶快速補貨的彈性空間，使得成衣出口量持續大幅成長。積極持續拓展越南、柬埔寨及印尼產量的聚陽，正好搭上這波趨勢。

可以看到，2009 年聚陽營收跟 2008 年相比，雖然只有小幅成長，但是 EPS 卻有 5.8 元，比 2008 年 1.96 元多出近 2 倍！這可以歸功於聚陽在金融海嘯期間，進行了以下的內部調整：

1. 資源部署合理化，從源頭做好管理。
2. 訂單規模大型化，集中資源，爭取國際級大型客戶。
3. 採購集中化，以量制價。
4. 體質精實化，提升產值、降低成本。

儘管聚陽股價曾在金融海嘯時期最低跌到 20.9 元，但是 2009 年獲利大幅好轉，從 2010 年初的營收看來，又有明顯成長，經過這麼多分析，我確認聚陽已經步入成長軌道，決定在適當的價位買進。

價格低於「平均現金股利×20倍」，2010年陸續買進

2010 年 3 月初，聚陽尚未公布 2009 年度現金股利，當時市場普遍預估現金股利可達 5 元，若加計 2003 年上市以來的現金股利，平均數字約為 4 元；因此我當時設定聚陽的合理進場價位為 4 元 ×20 倍＝ 80 元，便宜進場價位則為 4 元 ×15 倍＝ 60 元。

2010 年 1 月到 3 月初，聚陽的股價大約在 60 元上下移動，非常接近便宜價。於是我在 2010 年 3 月初開始，將原有的部分大豐電股票賣出，買進聚陽。

買進聚陽後，我只須持續關注它的營收與獲利數字是否成長，以及營運狀況是否理想。像是近年聚陽逐漸拓展客戶，主要客戶包括美國 Kohl's 百貨、著名歐美成衣品牌 H&M、GAP、A&F，當紅國際運動品牌 Under Armour 等都是它的客戶，國內統一超商（7-Eleven）的發熱衣也是由聚陽代工，營收、獲利都呈現成長。

更重要的是，由於越南是 WTO 會員國，享有關稅優惠，加上人力成本低廉，越南占歐盟及美國進口市場比率逐年提

高，2006 年越南在美國的市占率僅 4%，此後年年攀升，2014 年已達到 11%（詳見圖 2）。看到這裡不難了解，近幾年聚陽等在越南建立生產基地的廠商，何以獲利表現可以如此耀眼。

再來，越南也是 TPP（The Trans-Pacific Partnership，跨太平洋夥伴關係）當中的國家之一，TPP 於 2016 年 2 月 4 日開始生效，共有包含美國、日本等 12 個國家簽署，彼此將享

 越南於美國成衣進口市占率逐年攀升
——越南成衣於美國進口市場市占率

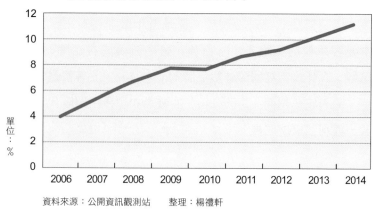

資料來源：公開資訊觀測站　　整理：楊禮軒

有多種商品的關稅優勢。其中，越南出口到美國的紡織品更可望零關稅。

　另外，越南同時也是 RCEP（區域全面經濟夥伴關係協定）的成員國；RCEP 是中國主導、以東南亞區域為主的自由貿易協定，若未來正式簽署，那麼越南在中國、東南亞之間貿易活動又可享有關稅優惠。以聚陽在越南投資設廠的先行者態勢，不管對於成本降低、增加營收都有正面幫助。

3-2
只追蹤營收小心錯殺好股票
——以台汽電為例

　　每個月 10 日左右是上市櫃公司公布上個月營收的日子，很多朋友會專注於月營收的追蹤，在一般的狀況下，這是很好的習慣；但是，如果只專注於月營收的增減，而沒有深入了解公司的獲利結構，也有可能會追錯股票砍錯股。台汽電（8926）就是屬於這一類，天然氣股如大台北（9908）也是如此（詳見 3-3）。

　　台汽電是我的長期持股，2015 年 8 月因股災大跌後，9月又因為轉投資公司捲入台電訴訟案，股價一度跳空跌停，引起投資人恐慌，我反而認為是加碼的好時機。以下就來談談台汽電這檔股票。

　　台汽電主要業務為汽電共生廠（汽電共生設備透過燃燒石油、煤炭等燃料，可同時產生蒸氣與電力）與發電廠的建置、規畫與發電收入。隨著國內用電需求提升，因廢核聲浪高漲之

影響，展望經濟發展之情勢，預期未來供電不足，對於民營電
廠的依存度也將愈來愈高。

本業》**營收衰退，但毛利成長**

台汽電本業的電廠，截至 2015 年底，僅有獨資設立的官
田廠還在運轉。根據 2014 年的年報，台汽電 2014 年前兩
名供應商，分別為中印煤炭及義美食品公司（詳見表 1）。

煤炭當然是作為燃料的成本，可是為何發電廠跟義美進貨
呢？難道是工程師三餐包給義美食品嗎？原來這是義美的汽電

 2014年義美食品為台汽電第二大供應商
——2014年台汽電（8926）本業主要供應商

	金額（元）	占全年度進貨淨額比率（%）
中印煤炭（股）公司	3億6,407萬8,000	26.23
義美食品（股）公司	1億4,647萬5,000	10.55
其他	8億7,733萬3,000	63.22
進貨淨額	13億8,788萬6,000	100.00

資料來源：公開資訊觀測站　　整理：楊禮軒

共生發電廠，全案的建置是由台汽電免費提供設備與人員投入，義美無償提供土地供建廠。台汽電與義美互蒙其利，這裡的進貨金額就是台汽電向義美購入電力的成本。

　　台汽電的銷貨收入仍以台電為最主要客戶，2014年以來，以大統益（1232）以及怡華實業（1456）為第2、第3名客戶（詳見表2）。

表2　台汽電的最大客戶為台灣電力公司

排名	2013年 客戶名稱	2013年 比率（％）	2014年 客戶名稱	
1	台灣電力公司	33.12	台灣電力公司	
2	怡華實業公司	12.75	大統益	
3	空軍第四三九混合聯隊	11.55	怡華實業公司	
4	台灣自來水廠	10.70	－	
5	大統益	10.58	－	
	其他	21.30	其他	
	合計	100.00	合計	
	營收合計金額（元）	26億7,282萬	營收合計金額（元）	

資料來源：公開資訊觀測站　整理：楊禮軒

　　台汽電 2014 年的全年營收比起 2013 年減少了 10 億多
元，衰退幅度達 38%，可是營業毛利反而增加約 3 億 6,000
萬元（詳見表 3）。

　　為什麼 2014 年營收減少，毛利卻增加？有 2 個原因：

　　1. 以天然氣及煤炭為主的成本持續下調，電價亦隨之下調，

──台汽電（8926）營收、本業客戶比率

2014年	2015年Q1	
比率（%）	客戶名稱	比率（%）
27.68	**台灣電力公司**	**21.81**
19.59	大統益	19.20
18.11	怡華實業公司	18.65
-	星能電力	15.83
-	-	-
34.62	其他	24.51
100.00	合計	100.00
16億5,118萬	營收合計金額（元）	3億710萬

使得營業收入減少。

　2. 台汽電 2012 ～ 2013 年度的營業毛利是負數，2014
年恢復正常，因此毛利看起來大幅增加。而 2012 ～ 2013
年度的毛利會呈現虧損，是因為菲律賓建置發電廠案，需認列
建置成本，但此案遭遇阻礙，尚未有明顯的營收進帳。也因為
2014 年暫緩投入成本於菲律賓廠，所以 2014 年到 2015
年前 3 季，本業獲利趨向穩定。

表3 **台汽電2014年營收銳減，但毛利卻成長**
──台汽電（8926）獲利表現

	2012年	2013年	2014年	2015年前3季
營業收入（元）	33億756萬	26億7,282萬	**16億5,118萬**	12億2,441萬
營業毛利（元）	-1億6,694萬	-9,828萬	**2億6,329萬**	2億7,063萬
營業利益（元）	-3億3,946萬	-2億7,737萬	5,599萬	1億3,351萬
稅後淨利（元）	5億2,857萬	7億6,608萬	17億2,844萬	8億9,017萬
每股稅後盈餘（元）	0.9	1.3	2.93	1.51

註：本表金額以四捨五入至萬元　　資料來源：公開資訊觀測站　　整理：楊禮軒

轉投資》**4家民營電廠貢獻業外收入**

　　再進一步看台汽電 2014 年度的財務比率，稅後淨利率竟然達到 104.7%（詳見圖 1）！稅後淨利率（又稱純益率）指的是稅後淨利占營業收入的比重，104.7% 代表每 100 元營業收入，淨賺 104.7 元，代表稅後淨利比營業收入還要高。

　　再往前觀察，過去 8 年，台汽電的稅後淨利都高於代表本

 台汽電2014年純益率達104.7%
——台汽電（8926）營業利益率、稅後淨利率

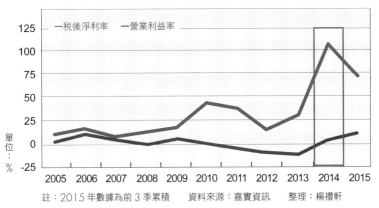

註：2015 年數據為前 3 季累積　　資料來源：嘉實資訊　　整理：楊禮軒

業的營業利益率,這都代表著台汽電的獲利不僅僅來自本業,而是還有其他業外收入(詳見註1)。

從年報中關於「市場占有率」的敘述,台汽電本業的汽電共生廠發電量,僅占全台灣民間汽電共生系統發電量0.8%,比率極小。然而,我們發覺台汽電轉投資的森霸電力、星能電力、星元電力及國光電力這4家民營電廠(皆以天然氣為燃料),發電量一共占國內民營電廠容量之31.66%(詳見圖2),明顯對於台汽電的獲利有舉足輕重的影響。

轉投資以業外收入認列,容易被忽略

既然知道轉投資是台汽電的重點,就要來看季報或年報,合併損益表「業外收入」中「採用權益法認列之關聯企業及合資損益之份額淨額」項目。由於這不是算在台汽電每月公告的營

註1:營收扣除成本與費用之後為營業利益,營業利益加計業外損益為稅前淨利,扣除所得稅後為稅後淨利。因此當稅前淨利、稅後淨利高於營業利益,代表有業外收入進帳。營業利益率為營業利益占營業收入之比重。

註2:**權益法**:企業對於轉投資公司為長期投資性質,持股在20%～50%之間,在財報中以權益法認列;當轉投資公司當期有獲利或損失,母公司須按持有股權比重認列在業外收入。

轉投資4電廠占國內民營裝置容量31.66%
──台汽電（8926）2014年年報市場占有率資訊

2. 市場佔有率

（1）汽電共生市場裝置容量佔有率

單位：百萬瓦

項　目	101 年度	102 年度	103 年度
民間汽電共生系統	7,973	8,183	8,120
台灣汽電共生公司	67.2	67.2	67.2
占有率	0.8%	0.8%	0.8%

資料來源：經濟部能源局統計暨本公司提供。

（2）民營電廠市占率

電廠名稱	機組編號	燃料別	裝置容量（萬瓩）	現況
麥寮電廠	麥寮 #1，#2，#3	煤	180	88~89 商轉
長生電力	海湖 #1，#2	天然氣	90	89~90 商轉
和平電力	和平 #1，#2	煤	130	91 年商轉
嘉惠電力	嘉惠	天然氣	67	92.12 商轉
新桃電力	新桃	天然氣	60	91.3 商轉
國光電力	國光	天然氣	48	92.11 商轉
星能電力	彰濱	天然氣	49	93.3 商轉
森霸電力	豐德 #1，#2	天然氣	98	93.3 商轉
星元電力	星元	天然氣	49	98.6 商轉

就目前已商轉之民營電廠裝置容量為 771 萬瓩，本公司所投資之星能、森霸、星元電廠及國光電廠占國內民營裝置容量之 31.66%。

註：電量單位「瓩」＝千瓦　　資料來源：公開資訊觀測站　　整理：楊禮軒

業收入，所以若只追蹤台汽電的月營收，等於是忽略了轉投資的貢獻。

根據台汽電合併財報，2014 年依據權益法（詳見註 2）認列的關聯企業損益為 12 億 8,418 萬元（詳見表 4），而

台汽電本業的毛利為 2 億 6,329 萬元，營業利益也才將近 5,600 萬元，可見台汽電 2014 年的稅後淨利約 17 億 2,800 萬元，主要都是靠轉投資的收益。

　台汽電的轉投資貢獻，除了前述的 4 家電廠，還有大汽電（8931），但大汽電的貢獻較低。所以有些朋友問我，為什麼不買大汽電？我的看法是，反正我買台汽電，就當了大汽電的富爸爸。

 2014年台汽電轉投資貢獻逾12億收益
——台汽電認列轉投資損益金額

發電廠	2014年（元）	2015年前3季（元）	台汽電持股比重（%）
森霸電力	5億7,247萬8,000	4億1,380萬7,000	43.00
星能電力	2億4,770萬7,000	1億7,398萬1,000	40.50
國光電力	2億2,249萬9,000	1億1,840萬7,000	35.00
星元電力	2億994萬1,000	1億1,901萬6,000	41.27
大汽電（8931）	3,940萬5,000	1,843萬4,000	29.31
其他	-785萬	-634萬3,000	
合計	**12億8,418萬**	8億3,730萬2,000	

資料來源：公開資訊觀測站　　整理：楊禮軒

財報出現廉價購買利益，評估獲利時須排除

另外，台汽電在 2014 年的合併損益表「業外收入」中，有一個項目為「廉價購買利益」。這是指公司在取得所投資公司股權時，因為認購股權的金額低於帳面淨值，中間的差額就會認列為廉價購買利益。這應視為一次性收益，評估未來獲利時必予以剔除，以免高估公司的獲利水準與合理股價。

2014 年台汽電認列廉價購買利益為 4 億 237 萬 9,000

 台汽電2014年認列廉價購買利益
——台汽電2014年業外收入項目

	營業外收入及支出	
7190	其他收入（附註二一及二六）	29,763
7140	廉價購買利益—取得關聯企業（附註十二）	402,379
7020	其他利益及損失（附註二一）	23,184
7050	財務成本（附註二一）	（41,203）
7060	採用權益法之關聯企業損益份額（附註十二）	1,284,180
7000	營業外收入及支出合計	1,698,303

註：單位為新台幣千元　　資料來源：公開資訊觀測站　　整理：楊禮軒

元（詳見圖3），觀看財報附註可知道，這是來自台汽電取得
森霸電力、星能電力及星元電力這3家公司的部分股權，所
獲得的廉價購買利益。對照台汽電普通股加權平均股數5億
8,904萬9,000股，此筆廉價購買利益貢獻當年度每股稅後
盈餘（EPS）約0.683元（4億237萬9,000元÷5億8,904
萬9,000股＝0.683元）。所以台汽電2014年度EPS原
為2.93元，扣除0.683元後為2.247元，這才是台汽電該
年正常的獲利水準。

2隱憂重挫股價，判斷本質不變趁機加碼

綜合分析台汽電的投資價值，最吸引人的有3點：

1. 能源價格下跌，有助於汽電廠成本降低、利潤提升。

2. 轉投資電廠貢獻持續性獲利，尤其在廢核的社會期待下，
民營電廠的重要性仍會持續。

3. 近5年平均現金殖利率約5.8%（以當年配發現金股利
除以當年底收盤價計算）。

轉投資電廠面臨2隱憂，背負潛在罰鍰及賠償金

不可否認的是，這檔股票還是有隱憂。由於台汽電的大客戶台電，向民營電廠購電（包含台汽電轉投資的 4 家電廠），合約一簽就是 25 年，出售給用戶的電價卻低於購電成本，成了台電長期虧損的主因。

2012 年台電向 9 家民營電廠要求修改合約都被拒絕，2013 年公平交易委員會（以下簡稱公平會）認定這些電廠有聯合壟斷行為而兩度開罰，都因為電廠提出行政訴願成功而撤銷。台汽電轉投資 4 家電廠則於 2013 年陸續與台電修約完成，達成和解。

不料，2014 年公平會第 3 度裁罰，全案進入訴訟程序；原本台北高等法院判決 9 家電廠勝訴，然而公平會又上訴最高法院，全案於 2015 年 6 月底又發回台北高等法院更審，截至 2016 年 2 月底都尚未有結果。台汽電轉投資的 4 家電廠，被公平會裁罰的共 13 億 5,200 萬元可能罰鍰，成了第一個隱憂。

就在 2015 年 9 月中旬，台電又另外向台北高等法院提起

行政訴訟，向這 4 家民營電廠求償，合計金額高達新台幣 95 億元，這是第二個隱憂。

分析訴訟案可能結果，趁大跌加碼買進

其實，台電是台汽電第一大股東，持股 27.66%，台電的求償形成了母公司告子公司的局面。2015 年 9 月 14 日是消息傳出後第一個交易日，台汽電股價一度殺到跌停，嚇跑了許多投資人。不過，當時我選擇加碼買進，價格區間為 20.3 ～ 20.7 元。為什麼我敢買？如果公平會的罰鍰加上台電求償金

表5 若兩案敗訴，台汽電減少3.23年轉投資獲利

發電廠	2014年台汽電依權益法認列之損益份額	台汽電持股比重(%)	年報中的「被投資公司本期損益」	
森霸電力	572,478	43.00	1,518,368	
星能電力	247,707	40.50	621,566	
國光電力	222,499	35.00	687,908	
星元電力	209,941	41.27	537,653	
合計			3,365,495	

註：上表金額單位為新台幣千元　　資料來源：公開資訊觀測站　　整理：楊禮軒

額，可是超過百億元！我當然是有仔細計算過的。

1. 訴訟結果出爐才能見分曉，還沒見到結果前，我還是可以照領股利。

2. 如果做最壞的打算——公平會裁罰訴訟案與台電求償案，若台汽電雙雙敗訴，總計賠款將吃掉子公司 3.23 年的獲利，等於台汽電將有 3.23 年無法獲得這些轉投資的獲利貢獻（詳見表 5）。

——台汽電（8926）訴訟影響分析表

隱憂1：公平會裁罰訴訟案		隱憂2：台電求償案		假設兩案敗訴合計賠償金額÷發電廠年獲利（年）
公平會裁罰金額	公平會罰鍰÷發電廠年獲利（年）	台電求償金額	台電賠償金÷發電廠年獲利（年）	
489,000	0.32	4,400,000	2.90	3.22
392,000	0.63	2,500,000	4.02	4.65
371,000	0.54	2,400,000	3.49	4.03
100,000	0.19	200,000	0.37	0.56
1,352,000	**0.40**	9,500,000	**2.82**	**3.23**

不過，台汽電的轉投資獲利本質還是沒有改變，我可以接受
3.23 年不領股利，待賠償結束、股利回到 1 年配發 1.2～1.6
元的水準，那麼以 21 元以下的股價買進，還是可以享有 7%
以上的殖利率，仍然划算。

　　台汽電是一檔很特殊的股票──本業衰退，淨利卻大幅成長
的個股。以上是我個人買進此檔個股的看法，讀者若有興趣，
必須考量是否符合自己的選股原則。

觀察轉投資挖掘金雞母
——以大台北為例

　　天然氣（天然瓦斯）是人民的基本需求，煮飯、洗澡等日常生活都不可或缺。住戶定期繳交的費用，成了天然氣公司的穩定收入來源。即使我去歐洲旅遊一個月，出國期間沒用到天然氣，一樣得付基本費，像這種持續性的需求，就是標準的定存股要件。

　　台灣天然氣供應業的上游是中油公司，中油主要向國外進口液態天然氣，轉化為氣態之後，輸送給全國共 20 多家天然氣供應業者，業者再經由管線配送給用戶。

　　天然氣供應業在台灣是特許公用事業，適用「天然氣事業法」的規定，屬於區域寡占的性質，在同一營業區域內，若沒有經過主管機關許可，不得設立同性質的公司。因此，在沒有競爭者的狀態下，台灣的天然氣業可說是擁有一道相當堅固的護城河。

本業》擁有堅固護城河，收益穩定

確認產業沒有問題，再來要挑出適合投資的股票。台灣的上市瓦斯股共有 4 家——大台北（9908）、新海（9926）、欣天然（9918）、欣高（9931），以營收與獲利的規模而言，大台北居冠（詳見表 1），但 4 家公司近 10 年來的每股稅後盈餘（EPS）不會相去太遠，多在 0.9 ～ 2 元左右。

仔細查詢各家公司的基本資料，可以知道欣字頭的天然氣公司屬於公營性質，但我對於公營性質的企業效率是有些疑慮的，所以並不考慮投資。

大台北和新海都是民營公司，儘管從 EPS 來看表現差不多，但因為股利政策的差異，我選擇投資的是大台北。新海是發放現金股利搭配股票股利，我認為如果獲利沒有保持成長，那麼發放股票股利反而會稀釋 EPS。

大台北只單純發放現金股利，比較適合我這種喜歡現金流的個性。以配發年度而言，2011 年到 2015 年都是配發現金股利 1 元，因此如果在股價 20 元以下買進，就能擁有 5% 以

大台北營收獲利規模居瓦斯股之冠
——台灣4家上市瓦斯股近年營業收入、稅後淨利

營業收入	大台北 （9908）	欣天然 （9918）	新海 （9926）	欣高 （9931）
2011年	48億7,000萬	26億4,200萬	24億2,700萬	12億6,200萬
2012年	52億4,300萬	27億8,800萬	27億3,400萬	13億6,500萬
2013年	53億5,100萬	26億8,400萬	25億6,300萬	14億3,500萬
2014年	55億1,700萬	27億8,900萬	27億6,900萬	15億7,700萬
2015年 Q1~Q3	31億7,100萬	16億7,400萬	17億400萬	9億8,500萬

稅後淨利	大台北 （9908）	欣天然 （9918）	新海 （9926）	欣高 （9931）
2011年	5億8,900萬	2億5,600萬	2億7,400萬	1億4,000萬
2012年	6億500萬	3億800萬	3億400萬	1億8,700萬
2013年	6億2,400萬	2億1,500萬	2億1,500萬	2億2,400萬
2014年	6億5,700萬	1億8,300萬	2億6,600萬	1億6,100萬
2015年 Q1~Q3	5億1,000萬	2億400萬	2億5,100萬	1億2,300萬

註：金額單位為新台幣元　　資料來源：嘉實資訊　　整理：楊禮軒

上的現金殖利率。

　　大台北的營業區域為台北市松山、信義、大安、大同、萬華、

中正、中山等 7 個行政區,以及士林區之福華、明勝二里,主要是台北市的都會精華區;除了一般住戶,還有飯店、商業區的外食人口,都支撐著基礎的天然氣需求。根據 2014 年的統計,大台北營業區域內的總戶數約 58 萬 7,500 戶,實際用戶數約 38 萬 3,600 戶。

轉投資》持有眾多股票,市值逼近大台北資本額

大台北在台北市擁有 3 個可收取租金收入的物業,1 年進帳 2 億 5,000 萬元上下,包含位於台北市光復北路與八德路附近的八德大樓、光復大樓及網路科技大樓。曾找我去錄影的非凡電視台,也是跟大台北租用的辦公處所,身為股東的我,到非凡錄影時感覺也特別親切。

大台北還有一大部分的獲利是來自業外收入。我們知道,代表本業的「營業利益」加上「業外收入」就是「稅前淨利」,稅前淨利減去所得稅就是「稅後淨利」。2015 年前 3 季,大台北的稅前淨利約 6 億 4,690 萬元,其中營業利益約 3 億 5,000 萬元,僅占 54%,另外 46% 都是來自業外收入。而大台北業外收入當中,分為兩個部分:

1. 對於轉投資公司具有重大影響力，按股權比重認列損益：
大台北其實也是新海的大股東，公司以權益法認列的新海股權
約 9.43%，因此可在業外收入認列新海的損益。大台北旗下
另有投資公司、化工公司等子公司。

2. 對於轉投資公司不具重大影響力，主要認列股利收入：
資本額約新台幣 50 億元的大台北，以金融投資的方式持有眾
多公司的股票，市值高達 47 億元左右（根據 2015 年第 3
季季報持股、2016 年 2 月 3 日封關日股價計算），除了新
海、欣天然、欣高等同業，其他則分散投資中華電（2412）、
新保（9925）、中保（9917）、緯創（3231）、聯強
（2347）等殖利率不錯的股票，以及華南金（2880）、新
光金（2888）、元富證（2856）、台工銀（2897）等金
融股。以 2013 年、2014 年而言，都有大約 2 億元的現金
股利進帳，2015 年前 3 季的現金股利又提升到約 2 億 4,845
萬元。

觀察營運》**2015年因營業成本下降，促使毛利成長**

如果想要賺大台北的 5% 現金殖利率，2013 年之前有的是

機會，但到了 2013 年之後（截至 2016 年 1 月底），股價就不曾掉到 20 元以下，最接近的一次是在 2015 年 8 月 24 日股災，最低跌到 20.5 元。

如果不熟悉大台北的基本面，看到股票從 2014 年高點約 25 元跌了 2 成，再看到它的月營收持續下滑，肯定不敢碰。不過，其實觀察大台北股票，不是只追蹤月營收數字就足夠。

 2015年大台北月營收出現兩位數年衰退
──大台北（9908）單月營收、累計營收年增率

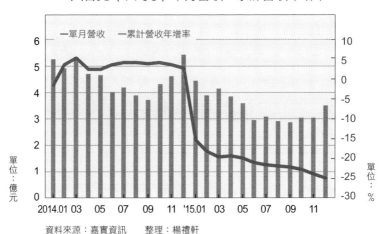

資料來源：嘉實資訊　　整理：楊禮軒

　　2015 年開始，大台北每個月的營收都出現兩位數的年衰退（詳見圖 1）。我們可在 2015 年 7 月上旬看到，2015 年 1 月～ 6 月累計營收比起 2014 年同期減少了 21%。但是到了 8 月中旬，追蹤第 2 季的季報，就會發現大台北在 2015 年上半年，營業毛利約 3 億 5,100 萬元，比 2014 年同期約 3 億 2,800 萬元還高；毛利率也從 2014 年上半年的 11.35%，提升到 2015 年上半年的 15.36%（詳見表 2）。

　　為什麼會如此？看營業成本就知道了，2014 年上半年營業成本為 25 億多元，2015 年下降到 19 億多元，營業成本占

表2 2015上半年營業成本下降、毛利增加
——大台北（9908）營收獲利比較表

	2014年1月～6月		2015年1月～6月	
	金額（元）	占營收比重（%）	金額（元）	占營收比重（%）
營業收入	28億9,671萬	100.00	22億8,649萬	100.00 ← 營業收入衰退
營業成本	25億6,794萬	88.65	19億3,534萬	84.64 ← 降低4個百分點
營業毛利	3億2,877萬	11.35	3億5,114萬	15.36 ← 增加4個百分點

註：金額四捨五入至萬元　　資料來源：公開資訊觀測站　　整理：楊禮軒

營收比重也下降了 4 個百分點，直接反映到毛利率的成長。

天然氣售價隨上游批發價格浮動

再來探究大台北瓦斯的本業獲利結構，根據 2014 年的年報，售氣收入占營業收入比重達到 84.43%（詳見圖 2），可見營業收入受到天然氣售價的影響很大。

由於天然氣售價受到主管機關管制，根據《天然氣事業法》規定，「公用天然氣事業之氣源成本變動時，應按其變動金額

圖2 天然氣售氣收入占大台北營收84%
──2014年大台北（9908）營業收入金額與比重

營業比重

業 務 內 容	營業收入金額(千元)	營業比重
售氣收入	4,658,233	84.43%
裝置收入	387,554	7.02%
器具收入	44,216	0.80%
通信收入	141,282	2.56%
勞務收入	22,915	0.42%
租金收入	263,246	4.77%
合　　計	5,517,446	100%

資料來源：公開資訊觀測站　　整理：楊禮軒

同步調整其天然氣售價」， 當上游的中油公司降價，天然氣供應業也必須跟著調降售價，2006 年起，大台北的天然氣售價減去成本的差額都是固定的，因此無論是漲跌價，均能轉嫁本業獲利，不受影響。

中油網站會顯示最新的天然氣批發價格，像是 2015 年 9 月 2 日的天然氣批發價格是每立方公尺（度）11.07 元，大台北瓦斯官網顯示的售價則是 13.3 元，差額 2.23 元。後來天然氣又陸續調降，到了 2016 年 2 月 2 日，中油的天然氣批發價格是 9.56 元，大台北的售價則是 11.79 元，差額一樣是 2.23 元（詳見圖 3）。

所以，以後別再單用月營收變化來推測天然氣公司的獲利，應該要用營收推估銷售度數是否成長，比較合理。

觀察轉投資》**判斷持有股票價格變動是否影響EPS**

前文有提到，大台北持有市值約 47 億元的轉投資股票，這些股票主要能帶來可觀的現金股利收入。2015 年前 3 季的「營業外收入與支出」合計約 2 億 9,405 萬元，其中占

大台北天然氣售價,依據中油批發價調整

中油天然氣批發價

「天然氣」 參考牌價表							
2016 年 2 月 2 日 0 時 0 分起實施 (實際價格以各營業地點公告為準)							
產品編號	產品名稱	包裝	銷售對象	交貨地點	計價單位	參考牌價	營業稅
102F 0100100	天然氣(1)	散裝	工業用戶		元/立方公尺	9.9931	5%
102F 0100100	天然氣(1)	散裝	公用氣體燃料事業(瓦斯公司)		元/立方公尺	9.56	5%

大台北天然氣售價

❶ 目前單價： 11.79元 (自105年2月2日起再因氣源調降,本公司天然氣售價由單價12.81元,調降1.02元,新單價為11.79元。)

❷ 計算方式：
- 本期累計度－上期累計度＝使用度數 (或核退度數)
- 使用度 (推定度)×單價＋基本費＝本期瓦斯費

資料來源：中國石油網站、大台北瓦斯網站　　整理：楊禮軒

比最大就是「股利收入」,達到 2 億 4,845 萬元(詳見圖 4 ❶)。

而這些股票根據認列方式不同,對於財報也有不同影響,我們以大台北 2015 年第 3 季季報為例：

1. 股票被認列在「透過損益按公允價值衡量之金融資產利益」，會影響 EPS：被認列在「營業外收入與支出」當中「透過損益按公允價值（詳見註 1）衡量之金融資產利益」的股票，比較偏向短期投資性質；每季結算財報時，會按當時的股價來計算市值；如果股價下跌低於上一期的持有成本，這期就會出現帳面的利益或損失。

例如 2015 年下半年台股進入一波下跌趨勢，前 3 季大台北「透過損益按公允價值衡量之金融資產」就出現約 6,557 萬元的損失（詳見圖 4 ❷ ）。當然，在持股都沒有變動的狀況下，假設下一期財報結算時，股價上漲高於持有成本，那麼這個項目就會由負轉正。

計入營業外收入與支出當中的項目，最後都會結算進當期財報的「本期淨利」，也就是會影響到 EPS（詳見註 2）。

註 1：**公允價值**：根據國際財務報導準則第 13 號的定義，公允價值為在正常交易下，市場參與者於衡量日，出售資產所收取或移轉負債所支付的價格。

註 2：每股稅後盈餘（EPS）計算方式＝淨利歸屬於本（母）公司業主 ÷ 普通股加權平均股數。若公司有發行特別股，則「淨利歸屬於本（母）公司業主」需先扣除特別股股利後再計算。普通股加權平均股數可於財報當中找到。

圖4 轉投資股票在損益表的呈現

——大台北（9908）2015年第3季合併損益表節錄

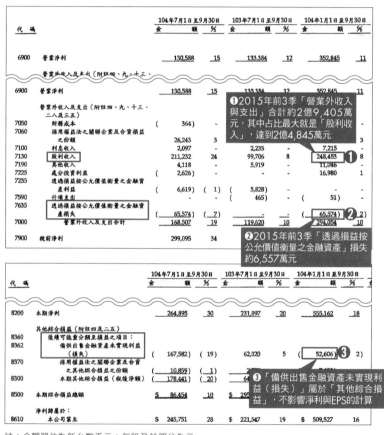

註：金額單位為新台幣千元；每股盈餘單位為元
資料來源：公開資訊觀測站　整理：楊禮軒

2. 股票被認列在「備供出售金融資產」，不會影響 EPS：
有一部分股票則是被大台北歸類為「備供出售金融資產」，這
些股票比較偏向長期投資性質，股價變動造成的帳面損益，會
放在「其他綜合損益」當中的「備供出售金融資產未實現利益
（損失）」，而「其他綜合損益」不列入本期淨利的計算，因
此也不會影響到 EPS（詳見圖4❸）。除非大台北把股票賣掉，
才會歸入「營業外收入與支出」下的「處分投資利益」的項目，
對 EPS 造成影響。

身為股東，我們應可期待大台北的現金股利收入能穩定貢獻
獲利，現金股利多是在每年第 3、4 季入帳，可等到季報出爐
後仔細檢視。要是有哪一年發現股利收入大減，就要進一步向
公司查清楚原因，以重新評估公司未來可能的獲利水準。

每股盈餘大增未必是真利多
──以光明為例

每月營收或每季財報公布時,總能看到各種利多消息,經常帶動股價瞬間上漲。不理性的投資人若沒有探究其中的原因,很可能會進場追高,賠上冤枉錢。

每股稅後盈餘(EPS)是投資人評估股票獲利狀況的重要指標,許多成長股因為本業競爭力增加,或是有長期穩定的轉投資收入,都會讓 EPS 持續增加。不過,有些 EPS 增加的原因,可能是因為當季賣掉了一筆土地、賣掉轉投資的股票所獲得的利益,或是因為認列災害而獲得的補償金等,這種獲利都是屬於一次性的獲利,EPS 只會突然增加一季,無法代表公司未來都能有如此高的獲利,在還沒細看財報查清楚原因之前,千萬不能貿然出手。

2015 年第 2 季財報出爐時,生產新娘禮服布料的紡織廠光明(4420)繳出 2.56 元 EPS 的亮眼成績,這個數字是

2014 年同期 0.5 元的 5 倍！ 2011 年到 2015 年的第 2
季季報公布之前，光明的股價大約在 26 元上下，季報公布後，
股價最高在 10 月中旬衝到 70.9 元。這樣的股價到底漲得合
不合理？我的基本處理流程如下：

流程1》**查看資產負債表**
重點：確認股本是否異動

　　EPS 指的是這家公司「每股」賺多少錢（詳細計算方式詳見
3-3 註 2），所以 EPS 的改變，可能來自「每股」的變化，也
可能來自「賺多少錢」的變化。我們首先要來確認「每股」有
沒有變化？這裡指的是公司發行在外的普通股數，假設今年與
去年的獲利水準相同，但今年的股數變少，就會造成 EPS 增
加。就像是一個大蛋糕，去年有 10 個人分，今年只剩 8 個
人分，今年每人分到的分量就會變多。

　　股數乘以面額 10 元即為「股本」（實收資本額），股本可
以在財報當中的資產負債表查到。根據光明 2015 年第 2 季
資產負債表，可發現股本沒有減少，和 2014 年度一樣，股
本都是 2 億 9,455 萬元（詳見圖 1），因此可以確定排除是

2015年Q2光明股本與2014年度相同
——光明（4420）2015年第2季資產負債表

			104.6.30		103.12.31		103.6.30	
	負債及權益		**金　額**	**%**	**金　額**	**%**	**金　額**	**%**
	流動負債：							
2102	銀行借款(附註六(七))	$	40,000	6	-	-	-	-
2150	應付票據		1,791	-	-	-	314	-
2171	應付帳款		3,398	-	5,036	1	3,339	1
2200	其他應付款(附註六(五)、(十一)及七)		114,854	16	14,768	3	41,718	8
2230	本期所得稅負債(附註六(十))		2,814	-	2,119	-	1,641	-
2300	其他流動負債		420	-	1,196	-	4,363	1
			163,277	22	23,119	4	51,375	10
	非流動負債：							
2570	遞延所得稅負債(附註六(十))		12,744	2	12,557	2	11,981	2
2640	淨確定福利負債-非流動(附註六(九))		6,303	1	11,303	2	15,596	3
2645	存入保證金		3,760	1	3,760	1	2,000	-
			22,807	4	27,620	5	29,577	5
	負債總計		186,084	26	50,739	9	80,952	15
	業主之權益(附註六(十一))：							
3110	普通股股本		294,550	41	294,550	56	294,550	54
3310	法定盈餘公積		103,325	14	100,290	19	100,290	18
3351	累積盈虧		133,149	19	83,927	16	68,884	13
	權益總計		531,024	74	478,767	91	463,724	85

註：金額單位為新台幣千元　　資料來源：公開資訊觀測站　　整理：楊禮軒

股本造成的影響。

流程2》**查看損益表**
重點：確認變動原因是來自營業利益或業外收入

　　既然光明的股本沒有變動，那麼就是來自「賺多少錢」的變化了；獲利增加的來源又分成「本業」和「業外」，如果本業獲利轉好，就會看到營業利益項目大增，否則就是來自業外收

入的貢獻。

查看光明的損益表,「本業」的部分,2015 年第 2 季的營業利益(又稱營業淨利)約 826 萬元,2014 年同期則是虧損的,看起來確實有進步,不過 826 萬元僅占營業收入的 9%;以普通股加權平均股數 2,945 萬 5,000 股計算,營業利益貢獻 EPS 僅有 0.28 元(826 萬元/ 2,945 萬 5,000 股= 0.28 元),看來真正的原因還是出在業外的表現。

果然,「業外」收入出現了驚人的成績。2015 年第 2 季,光明業外收入當中的「其他利益」達 6,908 萬元,占營業收入的 73%;比起 2014 年同期的其他利益占營收比重,多出 59 個百分點(詳見圖 2 ❶)。到底什麼原因造成其他利益大增呢?我們跟著損益表項目的指示:「其他利益及損失(附註六(四))」去尋找答案。

流程3》**查看財報附註**
重點:了解變動原因

根據財報的附註內容,原來光明在 104 年(2015 年)6

圖2　光明業外收入中的「其他利益」占營收73%
——光明（4420）2015年第2季合併損益表節錄

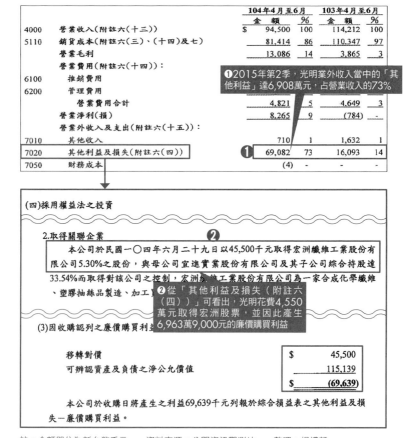

| | | 104年4月至6月 | | 103年4月至6月 | |
		金　額	%	金　額	%
4000	營業收入（附註六（十三））	$　94,500	100	114,212	100
5110	銷貨成本（附註六（三）、（十四）及七）	81,414	86	110,347	97
	營業毛利	13,086	14	3,865	3
	營業費用（附註六（十四））：				
6100	推銷費用				
6200	管理費用				
	營業費用合計	4,821	5	4,649	3
	營業淨利（損）	8,265	9	(784)	-
	營業外收入及支出（附註六（十五））：				
7010	其他收入	710	1	1,632	1
7020	其他利益及損失（附註六（四）） ❶	69,082	73	16,093	14
7050	財務成本	(4)	-	-	-

❶2015年第2季，光明業外收入當中的「其他利益」達6,908萬元，占營業收入的73%

(四)採用權益法之投資

2.取得關聯企業　❷

本公司於民國一〇四年六月二十九日以45,500千元取得宏洲纖維工業股份有限公司5.30%之股份，與母公司宜進實業股份有限公司及其子公司綜合持股達33.54%而取得對該公司之控制，宏洲纖維工業股份有限公司為一家合成化學纖維、塑膠抽絲製品製造、加工

❷從「其他利益及損失（附註六（四））」可看出，光明花費4,550萬元取得宏洲股票，並因此產生6,963萬9,000元的廉價購買利益

(3)因收購認列之廉價購買利益

移轉對價	$　45,500
可辨認資產及負債之淨公允價值	115,139
	$　(69,639)

本公司於收購日將產生之利益69,639千元列報於綜合損益表之其他利益及損失一廉價購買利益。

註：金額單位為新台幣千元　　資料來源：公開資訊觀測站　　整理：楊禮軒

月 29 日取得宏洲纖維工業股份有限公司（1413）5.3% 的股權，花費金額 4,550 萬元，但是這些股權的公允價值依股權比重認列為 1 億 1,513 萬 9,000 元，因此產生 6,963 萬 9,000 元的廉價購買利益（詳見圖 2❷）。

2015 年第 2 季，光明的稅後淨利 7,549 萬 3,000 元，要是沒有這筆廉價購買利益，稅後淨利只剩 585 萬 4,000 元，換算成 EPS 僅約 0.2 元，比 2014 年同期更低。我在 3-2 介紹台汽電時就有提到，廉價購買利益視為一次性收益，評估未來獲利時須剔除，才不會高估公司的獲利水準。

繼續觀察光明 2015 年第 3 季的季報，這一季少了大筆的廉價購買利益，獲利回到基本面，EPS 為 0.15 元；至於股價表現呢？截至 2016 年 2 月 3 日封關日，收盤價為 32.15 元，自高點腰斬。

新聞媒體在報導 EPS 上升的利多消息時，基本上不會清楚說明原因。但是投資人本來就不應該看新聞買股票，既然上市櫃公司已經忠實在財報裡面揭露了營運狀況，投資人一定要查閱財報，才不會貿然追高買進。

寡占優勢動搖時須重新評估
——以大豐電為例

　　在台灣，有線電視算是一種基本且穩定的需求，就算有大半個月不在家，或是沒有打開電視，都還是要繳費。我在 2007 年尋找定存股時，就把有線電視股大豐電（6184）納入我的存股參考名單內。在 2012 年之前，大豐電有以下優點：

　　1. 寡占優勢：大豐電是在 1996 年設立，1999 年開播，原本的經營區域是新北市的板橋區和土城區，與競爭對手台灣數位寬頻（原名為海山有線電視）形成寡占局面，並且互相交叉持股。有了寡占的優勢，就不怕沒有護城河。

　　這樣的優勢是來自於台灣的有線電視法規，1994 年開始，台灣有線電視分為 51 個經營區域，業者無法跨區經營，多個區域呈現獨占或是寡占的狀況。截至 2012 年 7 月，全台灣的有線電視業者僅有 62 家，每個經營區域只會有 1 或 2 家業者，可說是沒有競爭的疑慮。

2. **獲利與股利穩定**：大豐電在 2002 年上櫃，2005 年轉上市。從 2003 年到 2012 年這 10 年，大豐電獲利相當穩定，每股稅後盈餘（EPS）多維持在 4 元上下（除了 2008 年金融海嘯 EPS 為 3.09 元）。股利維持在每股 3 元左右，且大多配發現金，如果在股價 40 元以下買進，就能享有 7.5% 以上的殖利率。

3. **高毛利率**：從 2002 年以來，大豐電的毛利率都維持在 50% 以上，是相當理想的數字。

2012年有線電視開放跨區經營，大豐電面臨競爭

我從 2007 年開始持有大豐電，視為長期持有部位，平均成本約在 40 元左右，並且持續追蹤公司的基本面。就在 2012 年 7 月，有線電視的寡占優勢開始面臨挑戰，因為國家傳播委員會（NCC）為了加速台灣的有線電視數位化，開放讓數位化的有線電視跨區經營，也就是說，大豐電的經營範圍，不再只限於板橋與土城，而是可以拓展到其他縣市；同樣地，也會遇到其他業者加入競爭。看到有線電視環境將要邁入競爭，我決定暫時不再加碼，但仍繼續持有，觀察大豐電後續

的表現。

　　大豐電因應經營環境的改變，2013 年開始陸續取得新北市全區、台北市、高雄市、基隆市等區域的籌設許可。2014 年底也以現金增資，正式取得競爭對手——台灣數位寬頻百分之百的股權。

　　由於台灣數位寬頻的收視戶收入開始歸入大豐電的營收，使得大豐電在 2014 年 12 月，月營收出現 98% 的年增率（詳見圖 1）。不過因為是可預期的營收增加，股價的反應倒也算是冷靜（詳見圖 2）。

　　然而大豐電是以現金增資購併台灣數位寬頻，股本大幅增加，從原本的 8 億 4,800 元左右，增加至 2014 年的 13 億 9,600 元左右，股本變成原來的近 1.64 倍，如此一來，若獲利沒有跟著大幅成長，那麼勢必影響未來的 EPS 表現。

　　有線電視競爭愈趨激烈，已是不可避免的事實，除了擴張經營所需要付出的成本，還要面對殺價競爭的收入減少，獲利要大幅成長並不容易。像是大豐電到中嘉集團原有的中永和區域

自2014年12月起，大豐電月營收大增

——大豐電（6184）月營收與年增率

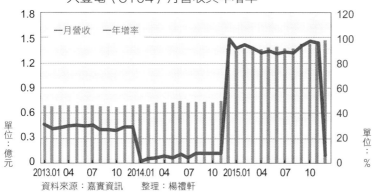

資料來源：嘉實資訊　整理：楊禮軒

 ## 大豐電月營收大增，股價卻無明顯反應

——大豐電（6184）股價走勢圖

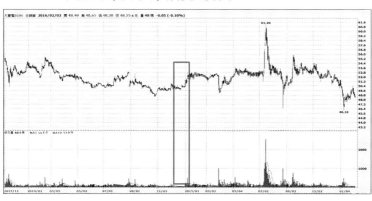

資料來源：嘉實資訊　整理：楊禮軒

搶地盤，中嘉旗下的數位天空也在 2015 年第 4 季，到大豐電原有的土城區加入競爭，更祭出「買 3 送 3」的優惠。

而大豐電光是在 2015 年底推出「預繳 6 個月，送 1 個月服務」，以大約 20 萬戶的既有收視戶計算，1 年將減少 1 億元收入。若是未來大豐電也要加入買 3 送 3 的行列，1 年減少的收入將達 6 億元。

在本書截稿時，可以看到的最新財報是 2015 年第 3 季，大豐電 EPS 已經減少到 0.47 元，約為 2014 年同期的一半；2015 年第 4 季財報尚未公布，但是根據大豐電在公開資訊觀測站的自結損益，從 2015 年第 4 季已經出現了本業虧損（詳見圖 3），大豐電要恢復以往的 EPS，大概只有先把對方打倒才會有定價權。

細究虧損屬於階段性費用，待跌深伺機加碼

很多人看到大豐電 2015 年 11、12 月本業虧損擴大，恐慌性賣壓大舉出籠；其實此時的我反而在斟酌買點，如果能跌到本益比 10 倍以下，我會毫不猶豫地加碼。

2015年第4季大豐電已出現本業虧損
──大豐電（6184）2015年單月自結合併營業損益

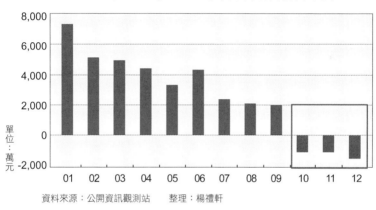

資料來源：公開資訊觀測站　　整理：楊禮軒

　　為什麼我沒有看到虧損就被嚇跑呢？我持有大豐電股票約
70張，在股權分散表裡約是前150名內股東，我真的是以
股東心態來長期持有這檔股票。因此看到這樣的財報數字，我
的反應不是逃跑，而是打了電話給大豐電的朱發言人，問清楚
了兩個問題：

　　第一，2015年12月本業虧損擴大，是因為新經營區與頻
道商的合約不是以收視戶計算，而是以「基數」（假設為每

10 萬戶為 1 個基數）計算。即使那個新經營區只有一戶收視戶，還是得以基數來計算授權費用，當然在新經營區初期會產生很大的成本負擔。隨著收視戶數增加，就可以彌補這筆費用。

第二，隨著有線電視數位化的期程，大豐有線電視在新舊經營區全面使用數位機上盒，以 1 戶需要 2 個為基本數計算，至少需要 50 萬台數位機上盒，攤提折舊以 6 年來計算，此階段費用就會突然升高。

股權愈來愈集中在大股東，籌碼穩定

再來，觀察董監事與大股東的動向，大豐電董監事也沒有出脫股票，身為同業的台數科（6464）更是從 2015 年第 2 季開始買進大豐電且持續加碼，大豐電的股權愈來愈集中在大股東，籌碼面可說是相當穩定。

以我多年專注於有線電視發展的研究，對於大豐電不得不加入的競爭，我其實是樂觀的，因為大豐電主要是經營都會區，而有線電視在都會區的經營，較郊區線路布建成本更低；畢竟在鄉下可能拉個幾公里，只會有一戶獨立的收視戶，而都會區

則是拉到社區的投入點，整棟幾百戶的收視戶就可以收看了。

　　台數科跟大豐電（經營區囊括北、中、南都會區）未來是否會改變有線電視的版圖？我打算繼續看下去。尤其資本額只有十幾億元的大豐電，竟然敢跟遠傳競標購併中嘉，後面應該還有一些沒有浮出檯面的故事。但競爭才剛開始，態勢未明，空手的投資朋友還是要自行審慎評估。

從興櫃市場找超值好股票
——以聯超為例

我早期的投資標的均以上市股票為主,搭配少數上櫃股票,考量的是上市櫃股票通常財報與資訊透明度較佳,較利於財務報表分析。

上市櫃股票通常本益比偏高,相對地殖利率偏低,尤其在 2014 年到 2015 年初,台股大盤在 9,000 點附近打轉,要找到高殖利率的股票不太容易。像是 2015 年 2 月大盤爬到 9,600 點左右,這時我長期存股的標的殖利率都低於 5% 了,所以我也嘗試從興櫃股票中挖寶。

興櫃股票是股票在上市櫃之前的預備市場,2005 年開始,要申請上市櫃的公司,都必須先在興櫃市場交易滿 6 個月(詳

註 1:**興櫃**:台灣從 2002 年啟動興櫃制度。2003 年起欲申請上市櫃之公司,須先在興櫃市場交易滿 3 個月以上,2005 年起改為 6 個月。

見註1）。申請上市櫃的公司，資本額、成立年限、獲利能力、
股權分散等條件都要符合規定，興櫃則沒有限制。而且上市櫃
公司一年要公布4次財報，興櫃公司則只會公布2次（詳見
表1），投資人若想投資興櫃股票，在研究公司基本面時必須

 興櫃股票無漲跌幅限制，盤中可買賣零股
——興櫃、上市櫃股票比較表

	興櫃	上市、上櫃
交易時間	上午9點～下午3點	上午9點～下午1點30分
漲跌幅限制	無限制	10%
盤中交易價格揭露	買賣各1檔	買賣各5檔
交易型態	◎買方與推薦證券商議價交易 ◎未滿20元的股票，推薦證券商每檔報價的數量，最少須有5,000股，20元以上則須有3,000股，100元以上為2,000股	◎買賣雙方競價撮合 ◎買賣雙方交易價格一致才會成交
零股交易時間	盤中皆可進行交易	下午1點40分～2點30分
財務報表	每年2次（半年報、年報）	每年4次（第1、2、3季之季報、年報）

資料來源：證交所、櫃買中心　整理：楊禮軒

更加謹慎。

投資日友嘗甜頭，開始鑽研興櫃挖股

因為接受《Smart 智富》月刊採訪，2014 年底輾轉結識了另一期封面故事人物——華倫老師。我們都採取存股策略，也都喜歡民生必需股，不管是平時見面或是在網路上互動，都會互相砥礪學習。

認識華倫老師時，知道他有投資當時還在興櫃交易的醫療廢棄物處理公司日友（8341），由於中國正值環保議題及「柴靜效應」（詳見註 2），我對環保與資源回收產業也充滿興趣。從產業看，醫療廢棄物處理是不可或缺的產業，台灣人口的高齡化也支撐著市場需求。

依據環保署資料，全台取得處理許可的醫療廢棄物處理廠共

註 2：**柴靜效應**：中國中央電視台前主持人柴靜，2015 年 2 月 28 日於網路媒體播出紀錄片《穹頂之下》，探討中國的霧霾汙染問題，上架 2 日點擊量高達 2 億，環保議題一度引起廣大討論。

計 17 座，日友的市場占有率就達到 34%，具有寡占的特性，再加上營收、獲利持續成長，因此雖然日友的現金殖利率預估不到 5%，我在 2015 年 2 月仍陸續買了 14 張日友，成本約為 54 元。

買進後，我也將日友交付借券信託。由於市場上對它的價值有很大的歧見，所以這檔股票我從 100 元左右持續出借，費率高達 7%（扣除稅後實際獲利率約 4.9%），加計現金殖利率約 4%，合計日友一年帶給我的收益約 8.9%，我十分滿意。

後來日友在 2015 年 3 月下旬由興櫃轉上市，營收與獲利都呈現成長態勢，股價也節節上升。剛上市時股價還在 60 元以下，2016 年 2 月底，最高漲到 154 元，我不含股利與借券收入的帳面獲利，就高達 185%。

因為有了投資日友不錯的經驗（買進當時日友還是興櫃股票），我就想，興櫃是否還有好股票可以找？但是因為興櫃股票可獲得資訊，不像上市櫃這麼透明，而且通常掛牌很少超過 5 年，所幸只要是公開發行的公司，都能在公開資訊觀測站找到資料，果然被我發現一檔可研究的標的。

發掘興櫃化工獲利王聯超，營業利益大成長

從公開資訊觀測站可查看各產業每股稅後盈餘（EPS）的統計資訊（查詢方法詳見第 186 頁），我看到興櫃的化工類股當中，2015 年上半年的獲利王是聯超（4752）， EPS 為 2.15 元，股價卻不到 20 元。回頭看聯超在 2014 年上半年的獲利表現，EPS 只有 0.75 元，2014 年全年度也只有 1.28 元，2015 年光是上半年的獲利竟然就超越 2014 年整年水準，引起了我的好奇。

為了一探究竟，我按照標準程序，把年報跟財報調閱出來。先看資產負債表，普通股的股本跟前一年度相比沒有變動，可見 EPS 增加不是股本變動的關係。

再看損益表（詳見圖 1），2015 年上半年度，聯超的營收約為 15 億 7,900 萬元，跟上一年度同期約 15 億 2,400 萬元相比，只微幅成長約 3.6%。但是毛利竟從 1 億 5,423 萬元左右，成長到約 2 億 8,097 萬元；代表本業獲利的營業利益，也從約 7,471 萬元成長到約 2 億 891 萬元，成長幅度分別達 8 成與 1.8 倍！

圖1 聯超營業成本降低，推升獲利增加
——聯超（4752）2015年（104年）第2季損益表

聯超電子有限公司

中華民國 一百零四 年及一百零三年 一 月 一 日 至 六

（僅經核閱，未依一般公認審計準則查核） 單位:新台幣(仟元)

代碼	項 目	附 註	104 年 上半年度	%	103 年 上半年度	%
4000	營業收入	四、六(十六)	$1,579,015	100.00	$1,524,154	100.00
5000	營業成本	六(四)	(1,298,036)	(82.21)	(1,369,915)	(89.88)
5900	營業毛利(毛損)		280,979	17.79	154,239	10.12
5950	營業毛利淨額		280,979	17.79	154,239	10.12
6000	營業費用					
6100	推銷費用		(53,714)	(3.	(10,919)	(0.72)
6200	管理費用		(14,878)	(0.94)	(2,470)	(0.16)
6300	研究發展費用		(3,472)	(0.22)		
6900	營業利益		208,915	13.23	74,712	4.90
7000	營業外收入及支出					
7010	其他收入	六(十七)	3,515	0.22		
7020	其他利益及損失	六(十八)	(9,891)	(0.63)	2,372	0.16
7050	財務成本	六(十九)	(3,876)	(0.24)	(5,240)	(0.35)
7000	營業外收入及支出合計		(10,252)	(0.65)	(2,765)	(0.18)
7900	稅前淨利(淨損)		198,663	12.58	71,947	4.72
7950	所得稅(費用)利益	六(二十一)	(33,823)	(2.14)	(14,200)	(0.93)
8000	繼續營業單位本期淨利(淨損)		164,840	10.44	57,747	3.79
8200	本期淨利（淨損）		164,840	10.44	57,747	3.79
8500	本期綜合損益總額		$164,840	10.44	$57,747	3.79
9750	基本每股盈餘(元)：	六(二十二)	$2.15		$0.75	

> 營業成本降低7.67個百分點
> 毛利率增加7.67個百分點
> 營業利益增加8.33個百分點

註：金額單位為新台幣千元　資料來源：公開資訊觀測站　整理：楊禮軒

成本下降，獲利結構大幅改善

原來，聯超的獲利能有如此高的成長，主要是來自本業的獲利結構改善，最大的關鍵是來自營業成本的減少。2014 年

上半年，營業成本占營收比重為 89.88%，2015 年上半年則降低至 82.21%，減少了 7.67 個百分點；成本節省的部分直接反映到毛利率，從 10.12% 提升 7.67 個百分點，達到 17.79%。

營業費用的部分也有改善，雖然 2015 年上半年的管理與研發費用微幅增加，但是推銷費用小幅降低。毛利率的提升再加上營業費用的下降，使得營業利益率一共提升了 8.33 個百分點。

再看之前的財報資料，聯超是在 2012 年 12 月底登上興櫃，最早可查詢到的財報是 2010 年。從 2010 年以來，聯超的營收每年都有成長，但獲利表現不一，2010 年到 2011 年，EPS 從 1.44 元成長到 3.38 元；但是 2012 年、2013 年，大幅降至 1 元、0.62 元，2014 年再成長到 1.28 元。

從過去這幾年的損益表都可以發現，在營收穩定或小幅成長的狀況下，只要營業成本、費用控制得宜，聯超就可以維持住獲利水準。相對地，若營業成本升高，也會明顯衝擊最後的獲利表現。

台灣唯一掌握生產技術廠商，具堅固護城河

除了看獲利表現，我最關心的還是這家公司的產業特色以及公司的地位。我常說：要當一間公司的股東，你當然要了解這家公司，所以第一件事就是調閱公司年報，初步了解公司的歷史、產品線，公司的護城河為何。

從 2014 年的年報可以看到，聯超是台灣生產 C9 石油樹脂及氫化石油樹脂的領導廠商。產品廣泛運用在各種產業，我們日常用得到、看得到的地方都有，包括熱熔膠、印刷油墨、軟管、輪胎橡膠的添加劑，以及玩具、髮飾、運動鞋、便利貼、尿布與衛生棉的膠黏劑等。

你可以想像，這些家中看得到、用得到的商品，可能每兩個，就有一個用到你所投資公司生產的原料。當這家公司的股東，感覺就很不錯吧？

根據年報的敘述，聯超的 C9 石油樹脂，國內市占率約 50%，全球市占率約 6%。氫化石油樹脂的全球市占率也大約 6%，亞洲地區僅有韓國 1 家廠商與日本 1 家廠商，具有氫化

石油樹脂的生產能力。而在台灣，聯超更是唯一具備製造氫化石油樹脂原料能力的廠商（詳見圖２），這就是它的護城河。

再觀察聯超的股權資訊，最大的大股東是化工原料上市公

 聯超年報揭露其為C9石油樹脂之寡占事業
　　──聯超（4752）2014年年報產業概況部分內容

4.競爭情形
目前以國內而言，僅有本公司及泓達集團等少數公司從事C9石油樹脂之產製，故以國內市場供給而言，係屬寡佔產業；惟以全球市場觀之，因美國頁岩氣發展，歐美地區輕油裂解廠改以乙烷進料生產乙烯，導致石油樹脂原料油缺乏，未來全球石油樹脂生產將集中於東北亞如台灣、中國、韓國及新加坡等國家。 　　另外，在本公司於 101 年 7 月 31 日為基準日將受讓和益化學分割之氫化石油樹脂事業後，業已具備氫化石油樹脂之銷售能力，目前除國外石化大廠如 ExxonMobil 及 Eastman 具備製造氫化石油樹脂能力外，僅有少數公司具有此一技術能力，本公司係國內唯一具備製造氫化石油樹脂原料能力之廠商，並另委由和益化學進行氫化加工後，由本公司進行氫化石油樹脂之銷售；由於具備氫化石油樹脂製造技術能力廠商甚為有限，且隨氫化石油樹脂製造技術提升，其品質業已能與傳統用於黏著劑原料(如萜烯等)抗衡，加上萜烯受限於天然供給有限，價格波動較高，故未來氫化石油樹脂市場整體需求將可望穩定成長。

資料來源：公開資訊觀測站　　整理：楊禮軒

司和益（1709），和益的主要產品是清潔劑、洗衣粉、潤滑
油添加劑的上游原料，2012 年將氫化石油樹脂事業分割給聯
超，而後也幫聯超進行氫化石油樹脂的加工。可以看到，和益
持有聯超 78.16% 股權（詳見圖 3），這給了我們兩個訊息：

1. 聯超的股權集中性很高。

2. 和益對聯超具有控制權益，那麼聯超的營收與獲利數字
除併入和益的合併財務報表，也可在財務報表附註看到說明。

 聯超78.16%股權掌握在母公司和益手中
——聯超（4752）2014年年報前5大股東

姓名	本人持有股份		配偶、未成年子女持有股份		利用他人名義合計持有股份		前十大股東相互間具有財務會計準則公報第六號關係人之關係者，其名稱及關係。		備註
	股數	持股比例	股數	持股比例	股數	持股比例	名稱	關係	
									104年04月17日
和益化學工業(股)公司代表人：黃勝材	59,884,977	78.16%	—	—	—	—	—	—	—
永明順股份有限公司代表人：許楊牛券	1,145,492	1.50%	—	—	—	—	—	—	—
大勝化學工業(股)公司代表人：陳勳	1,100,000	1.44%	—	—	—	—	—	—	—
和協工程股份有限公司代表人：黃國峻	1,050,907	1.37%	—	—	—	—	—	—	—
雷游秀華	952,930	1.24%	685,943	0.90%	—	—	雷敏宏	配偶	—

資料來源：公開資訊觀測站　　整理：楊禮軒

從母公司財報，提前追蹤季報內容

　　雖然確定聯超具有護城河，但興櫃股票每半年才發布財報。我在獲得了 2015 年上半年獲利資料後，若想知道下半年的營運情形，最晚 2016 年 4 月 30 日才能看到興櫃年度財報（但聯超 2014、2015 年皆提前於 3 月底發布），這段空窗期怎麼追蹤？因為母公司和益對聯超具有控制權益，和益又是上市公司，必須按時發布季報，因此若想提前知道聯超 2015 年第 3 季財務狀況，就可直接觀看和益的財報。

 聯超2015年第3季淨利約1億4,874萬元
──聯超（4752）2015年第3季綜合損益表

綜合損益表		
	聯超實業股份有限公司	
	7月1日至9月30日	
	104 年	103 年
收入	\$764,403	\$783,374
繼續營業單位本期淨利	\$148,746	\$25,342
綜合損益總額	\$148,746	\$25,342
本期淨利歸屬於非控制權益	\$28,171	\$4,689
綜合損益總額歸屬於非控制權益	\$28,171	\$4,689
支付予非控制權益之股利	\$-	\$-

註：金額單位為新台幣千元　　資料來源：公開資訊觀測站　　整理：楊禮軒

根據和益 2015 年第 3 季的季報，聯超的第 3 季單季淨利約 1 億 4,874 萬元（詳見圖 4），逼近上半年的獲利 1 億 6,484 萬元；再除以普通股發行股數 7,661 萬 4,300 股，第 3 季每股稅後盈餘達 1.94 元。

但我會擔心是不是有一次性的收入，所以看了一下資產負債表的非流動資產（詳見圖 5），沒有太大的變動，因此大致推估獲利來自於本業還有匯兌收益（2015 年第 3 季新台幣貶值，而該公司外銷產品近 6 成），粗略估算聯超 2015 年前

 圖5 ### 聯超2015年第3季非流動資產無明顯增減
——聯超（4752）2015年第3季資產負債表

資產負債表

	聯超實業股份有限公司		
	104.9.30	103.12.31	103.9.30
流動資產	$1,451,943	$1,477,039	$1,475,134
非流動資產	601,080	627,108	624,579
流動負債	(791,087)	(1,067,247)	(1,064,646)
非流動負債	(32,138)	(67,058)	(79,757)
資產淨值	$1,229,798	$969,842	$955,310

註：金額單位為新台幣千元　　資料來源：公開資訊觀測站　　整理：楊禮軒

查詢各產業EPS統計資訊

Step 1 進入公開資訊觀測站網站首頁（mops.twse.com.tw），點選❶「彙總報表」→❷「財務報表」→❸「採用 IFRSs 後」→❹「各產業 EPS 統計資訊」即可進入查詢頁面（「採用 IFRSs 後」：2013 年之後的財報；「採用 IFRSs 前」：2012 年之前的財報）。

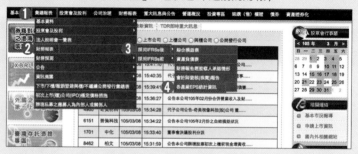

Step 2 輸入❶市場別、產業別、欲查詢年度與季別，按下❷「搜尋」，即可看到搜尋結果。須注意，上市櫃股票一年發布 4 次財報，包括第 1 季、第 2 季、第 3 季、第 4 季（年報）；興櫃股票一年只發布 2 次，分別為第 2 季、第 4 季。

資料來源：公開資訊觀測站　　整理：楊禮軒

3 季 EPS 約達 4.05 元。

綜合考量之後,我以 18 元～ 20.8 元價格買進,我認為這樣的價格算是相當便宜的,以 2015 年前 3 季 EPS 推估 2015 年可分配的股息,應該會很甜美吧!但因為產業特性還是屬於景氣循環股,因此我買進這檔股票的總金額,也僅占我的持股市值約 2.4%。

3-7

摸清公司底細
小股東也能安心穩穩賺

　　當你看到許多投資高手都有買相同的股票，千萬不能閉著眼睛跟著買，買了之後又不去關心。畢竟你很難時時刻刻掌握高手們的持股，例如當他們發現所投資公司出現異狀，可能因為風險考量而開始賣股、換股，但又不可能一一通知所有投資朋友，直到公司問題大到無法挽回時，來不及跑的投資人只好住套房，或是只能認賠了。

　　聽高手們買什麼股票，確實是認識一家公司的途徑之一，但我建議讀者，一定要保有對投資決策的獨立性，你要做的，應該是去了解高手們為什投資這家公司？這家公司身在什麼產業？生產哪些產品？提供什麼服務？市占率高不高？獲利能力如何？現在的股價值不值得買進？當你通盤了解後，確認自己可以接受這家公司的投資價值，再正式掏錢投資也不遲。投資之後，也要持續追蹤，當公司所處環境出現變化時，你就能快速做出因應。

　　身為小股東，無法確切得知公司經營內幕，我們能做的只有從公開資訊，盡可能獲得資訊。除了自己找資料研究，我也有幸認識了許多同好，持續學習與精進。以下分享我平時收集公司資訊的方法與心得。

祕訣1》**投資前，必讀公司年報**

　　只要是公開發行的公司，就必須揭露公開財務資訊，因此小股東們認識一家公司最簡單方便的方法，就是到公開資訊觀測站網站，免費下載年報以及每季的財務報表，步驟如下：

　　步驟1：前往「公開資訊觀測站」網站（mops.twse.com.tw），選❶「基本資料」→❷「電子書」→❸「年報及股東會相關資料（含存託憑證資料）」。

　　步驟２：再輸入❶「公司代號或簡稱」及❷「年度」，按下
❸「搜尋」，若未另跳新視窗，則依指示按下❹「請點選這
裡」，就會開啟新視窗，出現公司於當年度上傳的股東會年報
以及股東會相關電子檔，一般會包括股東會常會開會通知、議
事手冊及會議補充資料、各項議案參考資料、年報前十大股東
相互間關係表、股東會議事錄等。點選即可下載檔案。

　　年報會記載公司簡介、治理報告、募資情形、營運概況、財
務概況、財務狀況與績效之檢討等項目。投資人可先從最前面
的目錄，尋找你想知道的資訊。如果對這家公司很陌生，可先

閱讀開頭的「致股東報告書」，經營者會先在這裡簡述過去一年來的經營狀況，再來則是閱讀「公司簡介」及「營運概況」，看完之後，就能大致了解這家公司做的是什麼生意、產業發展概況，判斷公司是不是屬於「具有護城河的民生必需股」。

祕訣2》**遇到疑問，可詢問公司發言人**

公開發行的公司都是屬於股份有限公司，平時由股東會選出的「監察人」負責監督業務及財務狀況，並且可隨時查核簿冊文件。而一般股東則只能在股東常會開會 10 日前，查閱董事會造具的表冊；因此，我們平常研究公司財報後，若有任何疑惑，則可以詢問公司設置的發言人。

《上市上櫃公司治理實務守則》則載明：「為提高重大訊息公開之正確性及時效性，上市上櫃公司應選派全盤了解公司各項財務、業務或能協調各部門提供相關資料，並能單獨代表公司對外發言者，擔任公司發言人及代理發言人。」、「為落實發言人制度，上市上櫃公司應明訂統一發言程序，並要求管理階層與員工保守財務業務機密，不得擅自任意散布訊息。遇有發言人或代理發言人異動時，應即辦理資訊公開。」

　　所以一般而言，公司發言人均會盡量在法律許可的範圍內回答你的問題。不過，如果遇到像是比較機密的問題，就不一定能得到確切答案了。

　　例如我一直有在追蹤大豐電（6184）的發展（詳見 3-5），雖然我不再加碼，但手中仍有持股，想了解大豐電面臨有線電視跨區經營的應對方式。2015 年 6 月於大豐電股東會之前，我透過電子郵件向公司財務長提問，以下是我的信件摘要以及對方的回覆內容：

．．．

2015 年 6 月 18 日 星期四

朱財務長您好：

首先感謝您與公司過去一年的辛勞，使身為小股東的我們看見公司邁入成長的動能，面對數位化的浪潮，公司也積極因應與蛻變，本次股東會對於公司經營上有些問題想提問，惠請您撥冗回覆，謝謝您。

1. 年初於 104 人力銀行網站，發現公司徵求投資部購併專員

一職,請問目前購併對象為何,進度如何?

2. 全國有線電視跨區經營搶占板橋區域,目前對本公司影響如何?公司費率因應政策為何?依據開台新聞資訊當日遠傳電信高層參與開幕式,似乎全國有線電視與遠傳有合作情形(遠傳已公開宣告要積極收購第四台),建請公司及早因應。

3. 公司目前跨區經營的中和、永和、三峽、樹林及鶯歌,還有基隆區均為中嘉系統台,公司怎敢跟中嘉硬拚,這是我所好奇的,是否未來將與中嘉合併?

4. 公司位於土城的新大樓已落成啟用多時,在公司大樓召開股東會,既可凝聚股東向心力,且節省成本,本次股東會仍選擇新北市政府考量為何?

5. 未來公司是否還有發債計畫?

6. 高雄地區房產業界朋友跟我提到,公司在高雄有從事房地產開發業務,請問是買辦公處所嗎?

小股東

....

朱財務長回覆如下：

股東楊先生您好：
回覆您的詢問如下：

1. 本公司為積極拓展經營區域，徵求有志專業人才加入，謹慎評估任何擴展機會。

2. 本公司已掌握競業動態，謹慎積極因應，目前對本公司影響極微，謝謝股東建言。

3. 大豐經營穩健扎實，會秉持擴展企業版圖的積極決心，克服所有挑戰。

4. 考量公司場地過小，故今年仍外租場地召開股東會。

5. 將視資金需求，評估籌資方式。

6. 本公司沒有於高雄從事房產開發，而是透過轉投資新高雄

有線電視，將拓展有線電視經營至高雄市全區。

謝謝您

朱貴蕾 Rita Ju

財務長

大豐有線電視股份有限公司

....

其中，關於我問到是否要與中嘉合併的這個問題，大豐電發言人未給予肯定答覆。之後兩個星期，2015 年 7 月 6 日就傳出大豐電也有加入競標中嘉的新聞，只是沒有成功，而是由遠傳（4904）勝出。這樣的結果證實了我的疑問，但是因為屬於營業祕密，發言人應該也是有口難言吧。

由於公司通常只發布跟公司有關的重大訊息，小股東若看到年報或財報內有疑問沒有解釋清楚，就可以直接向公司發言人請教，通常都可以獲得還算令人滿意的答案。發言人的聯絡電話與電子郵件，可在年報上找到，或是直接打電話給該公司，請公司提供即可。

祕訣3》**善用臉書社群力量收集情報**

2015年7月1日，大豐電新的經營區在新北市中和、永和、樹林、三峽及鶯歌開台，為了解新經營區業務擴展情形，我加入這幾個地區的臉書（Facebook）社團，獲得了許多資訊。

我發現，包含里長、鄰長，還有社區管委會及警衛，都有提供大豐電的宣傳廣告單，若成功介紹客戶申裝，介紹人也可以獲得佣金，有助於大豐電的業務擴展。

另外，被踩地盤的中嘉系統台，則採取降價策略，利潤勢必受到影響，所以對於遠傳合併中嘉案，勢必拖累遠傳財務，我也對遠傳繼續保持觀望。

我還會在臉書上，搜尋欲研究個股的員工臉書，因為從員工的動態，可以發掘一些非檯面上的營運活動，畢竟員工的心聲是最真實、沒有經過包裝的。我會主動加入該公司員工當臉書好友（當然不見得每個人都願意啦，我也會先說明我是小股東的身分）；可能因為身為教官，對於一般人而言還是有親切與信任感，所以多能和臉友們保持不錯的互動。

　　運用臉書形成的人際網絡，對我研究股票也有很多幫助，因為有許多知識仍是我不熟悉的，透過公開提問，網友們總是熱情解惑。尤其我有很多學生在各行各業，他們都很願意與我分享經驗，這種方式往往非常快速也確實。對於回覆我的網友，我也會記下他的服務公司與專長領域，若有相關問題，就可以直接跟他請教。

祕訣4》**從人力銀行職缺可看出公司發展方向**

　　到人力銀行網站去搜尋公司徵求的職缺，可以看出公司業務的發展方向。像是我曾經在2015年初於104人力銀行網站，發現大豐電徵求購併專員，成功看出大豐電打算購併的策略，我也才會在股東會前寄給發言人的信件當中，詢問關於購併的問題。

　　另外，2015年上半年我仍然持有興櫃股票綠電（8440）時，曾看到綠電在人力銀行徵求派駐大陸子公司的會計。綠電再生對於大陸子公司股權不具備控制能力，我想，徵求會計可能是針對大陸合作夥伴的監督策略；綠電給我的回覆是，那是正常的公司經營與人才培育策略。由於綠電的大陸子公司貢獻

重要的獲利，因此半年後傳出綠電要出售大陸子公司股權，我便出清了持股。

祕訣5》運用Google map功能，搭配實地訪查

Google map 的衛星圖跟實景地圖，對於探查號稱海外有生產基地的公司特別有用。例如，若有公司號稱在大陸擁有生產基地，就可以去看看實景圖，由於實景圖會有拍照或空照時間，就可以去對照與公司的宣稱內容是否相符？

我也曾經運用 Google map 來了解昇貿（3305）旗下的桃禧航空城酒店位置，以及規畫的八里五星級飯店地理位置。當初會注意昇貿，是因為我很喜歡旅遊，所以當旅遊資訊提到昇貿轉投資桃禧航空城酒店有一些不錯的親子設施，於是我就用 Google map 去查詢，發現位置實在很偏僻。後來我也實際去用餐，證實是很偏僻的地方，住客也是稀稀落落的。至於八里的建築基地，則位於八里左岸的精華區，還沒有開發，也尚未有營利貢獻。

除了從網路上找資料，還可以搭配實地訪查。如果與住家剛

好在同一縣市，或是出遊時可能會經過，就可以順道去探訪。當然，外人想要進到廠區是不太容易，不過還是有些觀察訣竅，例如製造業的公司，可以在廠區外面觀察貨車及貨櫃進出情形，大致就能感受到公司的營運是否興旺。

以綠電為例，我曾經親眼看到他們載運廢家電跟廢資訊的貨車，在廠區外大排長龍，增加了不少信心。然而，最重要的還是公司與產業的市場趨勢，像是綠電的本身營運也許沒有大問題，只是從市場趨勢可以了解到，金屬原料市況大跌，難免對獲利產生衝擊。

祕訣6》**廣結善緣，多認識各產業的朋友**

2014年底跟華倫老師討論日友（8341）這檔股票時，發覺華倫老師常常提到一位網友，後來我才知道原來這位網友為了了解日友的營運概況、公司是否有違反相關政府法令的疑慮等，親自到日友應徵工作。

還有一位大我幾期的預官學長，研究股票是他的興趣，他經常在旅遊時，順道去工業區附近參觀，甚至直接去公司應徵。

當然，多數人不太可能這樣做，小員工也不太容易獲知真正的機密，不過員工還是能比外人更了解公司的實務運作，我們只要廣結善緣，多認識各個產業的朋友，接收多元的訊息，對於投資一定有正面的幫助。

Chapter **4**

算利精髓

錢滾錢加速翻身

4-1
運用利差創造獲利空間
舉債投資不可怕

　　我投資的歷程是很孤單的,尤其是當大家聽到我借房貸來投資,除了不可置信的表情,通常外加一副「等著看你失敗」的態度,甚至好像怕你跟他借錢一樣。

　　大部分的人對於貸款,總是直接跟「負債」畫上等號,把借來的錢拿去買股,要是股價下跌就慘了。他們認為錢只有存在銀行才是最穩健的,反對負債,是因為擔心「價值下跌」。

　　我是在 1973 年出生,如果你跟我年紀差不多,應該記得小時候我們買一包蝦味仙是新台幣 5 元,現在則是 25 元,雖然包裝有比較大包,但是內容物有比較多嗎?我想氮氣應該增加不少。新北市新店區的房價,在 2000 年時 1 坪約 15 萬元,我覺得好貴喔!可是現在新店的房價卻漲到每坪 50 萬元。短時間可能沒有太大的感覺,但是過了 10 年、20 年,相信每個人都能體會到這種「金錢實質購買力不斷下降」的殘

酷現實。

只要「收益＞貸款利率＋通膨」，就是淨賺的利潤

也許有人會說，錢放在銀行有利息可以拿，但是，買房子可以收租金，買好股票也可以收股息，只要我每年收回來的利息，能夠比貸款利率加上通膨更高，多出來的部分就是我淨賺的利潤。

這裡就要再強調一次「機會成本」的概念。假設你現在急需用錢，為了避免付出貸款利息，你可能會跟長輩借錢，因為長輩通常不會跟你算利息。但是，你省下了利息，同時卻也使得長輩失去了這筆錢的機會成本。因為他為了借你錢，失去了把錢存在銀行定存的機會，損失的是定存利息；如果長輩有更高報酬的選擇，他的損失又更高了。

每個人對機會與風險的偏好不同，可以承擔的能力也不一樣。不喜歡投資的人，錢存銀行也許是最好的選擇；但對於我這種存股族，如果把錢存在銀行裡，每年領定存利息所付出的機會成本，就是損失了可以抗通膨、創造更高報酬率的投資機

會。而我所做的不只是用原有的存款買股票,而是適時運用股息殖利率與貸款利率的利差來創造獲利空間。

再從另一個角度思考,讀書可以貸款,可是讀書不會保證你錢可以回收。開店創業可以貸款,可是開店也不保證你可以賺錢。買車可以貸款,但除非車子是用來當生財器具,否則車子造成資產減損的功效肯定更大。還有人旅遊、結婚都會貸款,這些都不會讓你創造額外的收入。那麼為什麼借錢買高殖利率的定存股來賺利差,大家卻這麼排斥?只要是穩健的借貸投資,不要亂買股票,反而能提早達到財務自主呢!

在能力範圍內發揮資產乘數,加快達到財務自主

我不是鼓勵大家沒有節制地借錢投資,我也是在能力所及的範圍內,發揮資產的乘數。如果你花了 500 萬元買一間房子,不做任何事,那麼它只是一間讓你遮風避雨的房子。即使繳清了房貸,每個月還是要繳管理費,每年要繳房屋稅跟地價稅。5 年後房子漲到了 1,000 萬元,你可能會想:「太好了!這間房子的資本利得有 500 萬元!」但事實是,除非搬出去並把房子順利賣掉,否則你還是賺不到。

我很佩服我一位同學，兩夫妻從南部到台北工作，結婚後就在台北買了一間中古的房子。他們刻苦耐勞地工作，為了減輕房貸負擔，只留下一間房間自己住，剩下的空房就出租給其他人，租金就能補貼房貸。雖然這麼做會為生活帶來一些不便，但是我認為未來他們會比許多人更早達成財務獨立自主。

而我利用房貸發揮資產乘數的流程如下：

1. 購置 2 間以上房屋（資本投資）。
2. 房屋出租（賺取租金報酬）。
3. 房屋增貸，購買高殖利率股票賺利差（利差 4 或 5 個百分點以上）。
4. 股票信託出借，賺取出借利息（詳見 4-3）。

我還沒開始投資股票之前，把貸款買房當作儲蓄，所以我買了 3 筆房地產，把每個月的付款當作強迫自己儲蓄的方式。以我當時買的房價算是便宜的，除了屏東太平洋百貨專櫃比較貴一點，另外兩間住家到現在都有 2 ～ 3 倍的漲幅。可能有人會說，是我運氣好，買得便宜！但機會是公平的，20 年前，同樣每個月都有一筆閒置資金，我選擇的是買房，有人則選擇

把錢存在銀行，20 年後的現在，除了利息以外，銀行存款的帳面價值並不會增加。

我從 2007 年開始買股，2012 年開始增貸買股，這是負債嗎？我不這樣認為，我把貸款當作我的存錢目標，每月的本息攤還當作存錢的手段，重點是，當銀行給我這筆錢買股時，我的淨資產沒有任何的改變，我根據自己的收入與結餘以評估還款能力後，才會申請貸款；除了每月固定還款（存錢），每年我所投資的股實經營企業還會發股息給我。

我舉一個例子，假設向銀行增貸 100 萬元的 20 年貸款，我適用的房貸利率落在 2% 左右，每月應繳付的本金加利息為 5,058 元。這 100 萬元購買殖利率 6% 的好股票，每年可領取 6 萬元現金股利，平均每月領取 5,000 元。5,058 元減掉 5,000 元等於 58 元，也就是每個月我只要付 58 元，相當於一杯咖啡的價格，20 年後這 100 萬元的股票就是我的，我只有支出 58 元 ×12 個月 ×20 年＝ 1 萬 3,920 元。

到了第 21 年，我還是可以領到 6 萬元現金股利，先前付出的成本就回本了，只要所投資的公司還繼續穩健經營獲利，

就會繼續發股利給我。可以說這筆錢從銀行撥款的第一天，就是銀行送給我的。

連行員也不懂投資真意，貸款買股曾遭拒

我以前只要寒暑假有空，就會研究哪間銀行有低利貸款可以讓我買股票賺利差。而且我都會準備詳細的房地產資料及持股資料，還有房租及股息收入資料，去跟銀行接洽借款。通常我跟銀行借款時，都會跟放款專員說，「如果你們銀行借我這一筆錢，這筆錢就等於是送我的。」專員此時通常會瞪大著眼睛，不可置信地看著我，好像我是詐騙集團來騙錢一樣。

有一次我去某公股行庫借 1.97% 的低利信貸，想要拿來買股票，我準備了近 60 頁的個人資產資料，以及股票明細、薪資收入、股息收入、租金收入明細給銀行專員。那位行員跟我說，他從來沒見過有人借錢會準備這麼多的資料，像是寫論文一樣。他問我，「你是在玩股票嗎？」我心裡就有了底，連銀行的行員都搞不懂，恐怕他也不會借我錢了。

當下他很客氣地跟我說，他們會開會決定，最後我接到的通

知果然是:「很抱歉,實在是沒有辦法提供您這個服務。」對
於一個不懂何謂長期投資的人而言,他們的概念就是「投資股
票就是投機、炒短線」,最後我就轉向我的往來銀行合作金庫
銀行貸款。

後來,我把那家拒絕我的公營行庫列為不考慮投資的股票,
因為他們的理財觀念太差了,我的薪資收入、股息收入、房租
收入都非常穩定,他們竟然放棄我這個客戶,不曉得他們如何
創造銀行的獲利?

如果那家銀行願意把我的財務狀況好好研究一下,應該會知
道我的條件很不錯。就像評估一家公司的財務體質時,會關注
它的「利息保障倍數」跟「負債比率」。利息保障倍數是公司
息前稅前利潤相對於當期利息支出的倍數,愈高代表公司支付
借貸利息的能力愈好。負債比率是負債金額占資產的比率,比
率愈高代表資產當中有愈高的部分是借來的。

如果一家公司每年的利息保障倍數是 10 倍,負債比率是
20%,而且負債比率逐年降低,你認為這家公司如何?應該
是很穩健的公司吧?上市櫃公司達到這個標準的應該屈指可

數，而我個人的財務比率就是達到這個條件。

有錢人想的跟你不一樣，大老闆也借錢投資

我們很少看到公司完全不借貸的，因為只要獲利能力穩定，適當地運用貸款來增加資產，所能創造的獲利就能大幅增加。應用在個人財務，其實也是相通的道理。

以上市公司味全（1201）為例，食安風暴前也借了不少錢，根據味全年報（2013年）揭示的借款契約明細，金額約新台幣45億元，部分是以廠房做擔保的貸款，大部分則是無擔保物的信貸，利率介於1.3%～1.45%之間（詳見圖1）。

各位想想，你的信貸或房貸利率可能是這樣的水準嗎？我個人的房貸在同時期為1.88%～2.12%，大企業所能借到的利率，比我的有擔保房貸利率還低了3成左右，甚至比我當時1年期的定存利率1.45%更低！如果我有能力借到年利率1.45%的45億元信貸，拿來買中華電（2412）股票，領取5%的股息，一年就有3.55%的利差可賺！一年可以賺到將近1億6,000萬元！

味全中長期借款多為無擔保物的信貸
──味全2013年年報長期借款契約部分內容

契約性質	當事人	契約起訖日期	主要內容	限制條款
技術援助	YAMASA 朝日油量 有限公司	2011.11.01~2017.10.31 102.01.01~102.12.31	釀造醬油專門技術之援助	無
中長借款	第一銀行	102.12.03~104.12.03	借款金額新台幣 520,000 仟元，利率 1.45%，抵押物：台中廠。	無
中長借款	遠東銀行等 4 家	101.03.12~106.03.11	借款金額新台幣 1,500,000 仟元，利率 1.307%，信貸。	本公司於貸款存續期間內，應維持下列財務比率二項以上─流動比率 80%以上、負債佔股東權益比率 250%以下、利息保障倍數 3 倍以上
中長借款	匯豐銀行	102.12.12~104.12.14	借款金額新台幣 250,000 仟元，利率 1.3%，信貸。	無
中長借款	彰化銀行	102.11.21~104.11.21 102.12.30~104.12.30	借款金額新台幣 270,000 仟元 及 80,000 仟元，利率 1.4%，抵押物：信貸。	無
中長借款	中國信託銀行	102.09.27~104.09.27	借款金額新台幣 300,000 仟元，利率 1.4%，信貸。	無
中長借款	台灣工業銀行	102.12.17~104.12.27	借款金額新台幣 100,000 仟元，利率 1.3594%，信貸。	無
中長借款	合作金庫	103.04.02~104.04.02	借款金額新台幣 200,000 仟元，利率 1.35%，信貸。	無

資料來源：公開資訊觀測站　　整理：楊禮軒

　　有沒有發現，大公司老闆之輩的有錢人想的跟我們真的不一樣。我們知道要努力賺錢，用自己的工作所得拿來存股，可以創造穩健的股息收入；卻很少人想到，如果存的是可以穩定配息的長期投資標的，只要自己的收入穩定，有穩定現金流足以支付銀行本息，那麼利用銀行低利貸款賺利差，財富的累積速度將會倍增。

你也適合貸款買股票嗎？趕快算一算

貸款買股票之前，一定要算好自己的財務狀況，建立在「確定自己的現金流足以支付本息」的前提下，跟著以下步驟，來評估看看自己是否有能力借低利賺股利：

Step1 寫下你的貸款條件

針對你可貸款金額_____元，年利率_____%，貸款_____年，每月需償還本息為_____元

Step2 估算你的閒置資金

貸款_____年內，每月收入扣除必要支出後，閒置資金_____元

Step3 寫下你的存股標的

股票名稱_____，以股價_____元買進，殖利率_____%

Step4 按下表逐項檢查

	評估項目	符合則打勾
1	貸款期間內，你是否保證每月能拿出足夠的閒置資金，以支付每月須償還本息？	
2	若貸款期間內，有突發大筆支出，你是否仍能每月拿出足夠的閒置資金，支付每月須償還本息？	
3	欲投資股票的基本面，是否為民生必需產業、具有寡占特性或為產業龍頭股？	
4	欲投資股票的近10年營收、獲利是否穩健？股利政策是否穩定？讓你可以安心存股？	
5	欲投資股票的現金殖利率，減去貸款年利率，是否高於5個百分點（例如現金殖利率8%減去貸款年利率2%，為6個百分點）？	

上表必須全部符合，才可以考慮貸款買股票，以免弄巧成拙喔！

4-2

借低利房貸賺高利股息
包租公賺3層利息

　　大部分的人主要把錢存在銀行裡，運用活存或定存當作資金調節工具，有需求就從銀行提領出來；但是我認為錢只是一種法定支付的工具，貨幣表彰的是物品的交易價值，所以我把房地產當作資金的調節工具。像是我申請房屋增貸，跟銀行領錢買股票的做法，除了租金照樣賺以外，買的股票還有現金股利可以領，同時出借股票賺借券利息，等同於用一筆錢賺了3層利息。

　　我的貸款僅占資產約2成，當碰到金融海嘯這樣的時機，我就可以至少再貸款6成出來買股；另外因為每年我還本約40萬元，在我與銀行維持良好的關係下，基本上可以隨時以原利率借出來買股票，等於我每年可以不斷地運用這個池子增加我的資產。

　　我曾跟多數的房貸族一樣，除了乖乖按月還房貸外，如果手

上有閒錢，湊到一整筆就會去提前清償本金，希望早一天把房貸還清。我買第一間房子時，貸款本金為 200 萬元，20 年期、利率 9.5%，每個月得還超過 1 萬 8,000 元，每年光是利息就被銀行吃掉 19 萬元。因為那時利息負擔重，加速償還本金是正確的選擇。

低利環境調整思維，暫緩償債滾大投資收益

台灣在 1998 年之前，房貸利息高於 8% 以上，而後利率環境出現了變化；1999 年跌破 8%，正式走入長期低利率之途，在 2008 年金融海嘯後，房貸利率一度跌至 2% 以下。

我在 2007 年開始存股，當時都還是用多餘的現金結餘買股（每個月盡量想辦法買到一張股票），當時看著房貸利率一路跌，我手中持股的殖利率卻多在 8% 以上。此消彼長，本來理財性格保守的我，在 2011 年時，心生一個加速累積現金流的大膽計畫──借房貸買股票。

當時我算過，我手中持股約 300 萬元，以殖利率 8% 估算，每年股利約 24 萬元，如果靠每年慢慢新增投資本金，要達到

年領 50 萬元股利,本金至少要 625 萬元;若殖利率只有 6%,
則需要 833 萬元,這意味著我 50 歲前,都恐怕難以達成提
前退休的夢想。

我心裡盤算著:如果我可以借到 1,000 萬元,買殖利率 7%
的股票,借款利率 2%,中間有 5 個百分點的利差,利差收益
就是 50 萬元。只要我能按時還銀行本息,並且買對股票,這
樣的投資模式就是可行的。

於是我花了很多時間,說服太太讓我去申請房屋增貸。
2012 年初,我先拿新北市土城的房子增貸 200 萬元,貸款
20 年,買入 38 張大豐電(6184),股價成本約 51 元;
當時原本預估大豐電可配發 3.6 元股利,殖利率約 7%(但當
年實際配發現金股利 2.8 元,現金殖利率 5.5%,另配發股票
股利 1 元),房貸利率約 1.937%。

2012 年中,我又向銀行增貸 125 萬元,一樣貸 20 年,
大舉買入 70 張大台北(9908),當時殖利率約有 5.6%(加
計退稅有 6.7%),房貸利率為 2.126%。我們來看看接下來
的幾年,我可以獲得多少收益?

1.增貸200萬元投資大豐電

借款 200 萬元共 20 年,每年本利平均攤還金額為 12 萬 5,604 元,2012 ～ 2015 年共攤還 50 萬 2,416 元,但這段期間,我已經領回現金股利 39 萬 6,910 元,以及股票股利 7 張 980 股,市值 41 萬 970 元(以 2015 年 12 月 31 日收盤價 51.5 元計算),合計 80 萬 7,880 元(詳見表 1)。

 房屋增貸投資大豐電,4年利差收益逾30萬
——以房屋增貸投資大豐電支出、收入計算

狀況:2012年增貸200萬元,買大豐電38張,截至2015年年底價值計算:

	支出 (每年本利攤還)	收入 (股利、賣出股票)
2012年	12萬5,604元	現金股利10萬6,400元(每股2.8元) 股票股利3張800股(每股1元)
2013年	12萬5,604元	現金股利8萬3,600元(每股2元) 股票股利4張180股(每股1元)
2014年	12萬5,604元	現金股利11萬4,950元(每股2.5元)
2015年	12萬5,604元	現金股利9萬1,960元(每股2元)
2015年 12月31日 總計	共攤還 **50萬2,416元**	現金股利39萬6,910元+股票股利7張980股(以2015年12月31日收盤價51.5元計算,市值41萬970元) =合計**80萬7,880元**

整理:楊禮軒

這 4 年我等於沒付出半毛錢，我還額外多拿了市值約 30 萬元的股票。只要未來維持這個最低配息水準，我還可以繼續收股息。

2.增貸125萬元投資大台北

借款 125 萬，以 115 萬 3,641 元買進 70 張大台北。每年本利攤還 7 萬 5,960 元，2012 ～ 2015 年這 4 年共攤還 30 萬 3,840 元，我所領到現金股利共計 28 萬元，等於這 4 年我的淨支出只有 2 萬 3,840 元（詳見表 2）。

假設未來的 16 年，大台北每年都能維持每年配發 1 元現金股利的水準，讓我可以每年領 7 萬元，同時我每年支付 7 萬 5,960 元的貸款，等於每年我只要淨支出 5,960 元。那麼 20 年期間，我一共淨支出 11 萬 9,200 元，當初那筆銀行撥付的 125 萬元就是我的了。

2012 年我一共增貸了 2 次，光從帳面上來看，房貸的未償還金額從 395 萬元增加到 720 萬元；股票資產則從 2011 年底的市值 314 萬元，2012 年底成長至 795 萬元。換句話說，我在同一年度負債增加 325 萬元（200 萬元＋ 125

房屋增貸投資大台北，年淨支出僅5,960元
——以房屋增貸投資大台北支出、收入計算

狀況：2012年增貸125萬元，買大台北70張，截至2015年底價值計算：

	支出 （每年本利攤還）	收入 （股利、賣出股票）	現金流
2012年	7萬5,960元	現金股利7萬元	-5,960元
2013年	7萬5,960元	現金股利7萬元	-5,960元
2014年	7萬5,960元	現金股利7萬元	-5,960元
2015年	7萬5,960元	現金股利7萬元	-5,960元
2015年12 月31日總計	共攤還 **30萬3,840元**	共領到 **28萬元**	淨支出 **2萬3,840元**

整理：楊禮軒

萬元），但股票資產卻成長了481萬元（795萬元－314萬元），這還不包含多領到的17萬6,400元現金股利（2012年大豐電每股配發現金股利2.8元、大台北每股配發現金股利1元），財富增值的速度加快許多。

搭配低利信貸如法炮製，淨賺逾15萬元

2013年9月，因為手頭有多餘資金，我又透過低利貸款

借了 80 萬元信貸，利率成本為 2.37%。這筆錢我買了 5 張 F-
中租（5871）、5 張裕融（9941），又在 2014 年除權息
後買了 1 張中華電（2412）。

2015 年 5 月 22 日因為我對租賃股產生疑慮，提前出清了 F-
中租（賣出價格 78.1 元，含 2014 年領取的股票股利 500
股）跟裕融（賣出價格 81.1 元），提前將信貸清償。這次賣
股，我共領回 83 萬 4,550 元，扣除借款本金加利息，我還
多賺了 1 萬 7,550 元。

另外，我在 2014 年領取 F- 中租、裕融的股息，2015 年
領取中華電股息，共拿到 3 萬 9, 508 元；帳上還有一張中
華電股票（2015.12.31 收盤價 99.1 元）未賣出，股息加
上中華電市值共有 13 萬 8,608 元，合計先前賣股的獲利，
我一共淨賺約 15 萬 6,000 元。

對我來說，房貸不是負債，反而是我存錢的一種方式。我敢
借房貸來投資，是因為事前已經精算過風險。跟銀行借錢要付
利息沒錯，但如果可以創造比利息更高的收益，就都是賺到
的。

只要股票現金流不斷，不必急著把房貸還清

只要我買的股票都能穩定創造現金流，就不必擔心償債，若房貸利率一直保持低檔，我就不打算把房貸還清。

我的太太是公務員，在 2010 年大女兒出生後就請育嬰假。2013 年生了小女兒後，截至 2016 年初仍在留職停薪中。在接受《Smart 智富》月刊訪問時被問到，「家庭收入從雙薪變單薪，老公還借錢去投資，難道不擔心嗎？」

我太太笑著說，「剛開始很擔心啊，可是我看每年股利都變多，家庭開銷也都夠用，再加上他一直對我洗腦，就不管他了。」事實上，我對未來的生活更加篤定，也更敢消費，例如2012 年我就帶著妻女到歐洲玩 1 個月，30 萬元的經費來源就是股利收入。

以我的軍階，原本可以再等 4 年（45 歲）才申請退休；但我選擇在 2014 年、我 41 歲時退休，以我的年薪約 130 萬元計算，4 年等於短少了 520 萬元的薪資收入。但我精算過，退休後的每年可支配所得雖短少約 70 萬元，但開銷也相對降

低許多，再加上退休後不需要繳稅，反而能省下更多錢。

　　更重要的是，我可以專心陪 2 個女兒長大，當一個稱職的老爸與老公，這才是我真正追求的財富自由。未來若遇到股市回檔，我也會考慮繼續申請房屋增貸，或利率低於 2.5% 的低利貸款，重複運作「借低利貸款、買進高殖利率股票」的做法，讓股利收入可以逐年增加。

4-3

高資產存股族善用借券信託
股利照領還可望節稅

　　原以為透過房屋增貸、買高殖利率股票領股息套利，已經充分發揮存股的效益了；畢竟存股除了長期持有領取股息，又不考慮低買高賣的話，很難再有其他的收益。不過就在 2014 年 4 月某天晚上，一通電話，改變了我的想法。

　　那天晚上，我接到我的房貸銀行——合作金庫銀行（以下簡稱合庫）石襄理的電話，他告訴我，他們銀行正推出一個「借券信託（有價證券信託）」的服務。因為我每次放暑假，就會問他有沒有低利貸款可以借來買股票，所以當這個有機會賺錢的服務一出來，他第一個就想到我，而我也成了那家分行辦理借券信託業務的第一個客戶。

　　要先說明的是，借券信託有其門檻，較適合高資產族，市場需求也不太一定，因此不算是相當穩定的收入，只是對於我這種長期存股族，算是不無小補。幸運的是，我在申請借券信託

之後，第一年每月平均約有 650 萬～ 850 萬元市值的股票出借，借出費率約在 2%～ 7% 區間，為我創造平均每月 1 萬元左右的現金流。

優點1》為長期持股多添一道現金流

簡言之，借券信託就是委託人把持有之上市櫃股票，交付給信託機構（即受託人，可能是銀行或券商的財富管理信託部門，詳見註 1）；再由信託機構以出借人身分，經由券商、透過台灣證券交易所借券交易平台，以「競價交易」方式（詳見註 2），將股票借給特定法人機構，期限到了就會返還股票。

當股票信託給信託機構之後，這家信託機構就能幫你行使出借股票的權利，只是不代表你信託之後，就能立刻出借。根據證交所規定，出借的時間最長約半年，出借期間你不能把股票

註 1：投資人要參與借券市場，原本只能透過信託，以金融機構名義出借；2016 年 2 月雙向借券上路，一般投資人也能借券給券商。本文為作者分享借券信託心得，雙向借券不在本文介紹範圍。

註 2：借券交易方式有分為定價、競價與議借交易，但實務上幾乎沒有定價交易，主要都是競價與議借交易。競價是由證交所承擔風險，本文所介紹的信託借券即屬此類。議借交易則是雙方自行議定，風險亦自行承擔。

賣出，因此要出借的股票，最好是你打算長期持有的股票。

　　當然，若真的有需求，你希望請借券人提前歸還股票，也是可以的（可於預定還券日的前 1、3 或 10 個營業日前提出申請）；只是要需要過幾天才能拿回股票，這也是我們必須付出的時間成本。

　　那麼，當手上只有 1 張股票時，也可以出借嗎？答案是不行。出借股票，最少要 10 張，且只能是整股；而承辦這項業務的信託機構也多會規定，委託人交付信託的股票市值須達到該機構規定的門檻，才能夠開立信託帳戶。以我來往的信託機構合庫為例，交付信託的股票總市值須達新台幣 300 萬元以上，且單一個股必須 10 張以上、市值達 100 萬元。

借券信託之前，先把相關稅費算仔細

　　出借股票的收入就是向借券人收取的利息，假設你出借 A 股票 20 張，出借當日收盤價 50 元，出借費率 2.5%（年利率）、共 180 天，出借收入則為 1 萬 2,328 元（20 張 ×1,000 股 ×50 元 ×2.5%×180 天／365），扣除相關稅費後，約可拿回 9,096 元（詳見表 1）。

稅費主要分為2部分，一是只要出借股票就要負擔的費用，費率是一致的；二是根據各家信託機構規定不同的收費項目。

1. 股票出借一定要支付的稅費

　　包括證券商手續費、證交所之借貸服務費、營業稅、信託機

 股票借券信託有4項一定得支付的稅費
——借券信託必付稅費計算

狀況：出借A股票20張（2萬股），出借當日收盤價50元，出借費率2.5%（年利率），實際出借天數共180天

→A股票出借收入＝2萬股×50元×2.5%×180天／365＝1萬2,328元

稅費	證券商手續費	證交所借貸服務費	營業稅	信託服務費（或稱績效管理費）
計算方式	出借收入×費率0.4%（通常最低收取100元）	出借收入×費率1.6%	出借收入÷1.05×5%	（借券收入－營業稅）×20%
稅費明細	未滿100元，最低仍收取100元	197元	587元	2,348元

稅費合計＝100元＋197元＋587元＋2,348元＝3,232元
實際入帳收入＝A股票出借收入1萬2,328元－稅費合計3,232元
＝**9,096元**

資料來源：合作金庫銀行　整理：楊禮軒

構之信託服務費（或稱績效管理費）等；以本例而言，實際入帳金額約為出借收入之 73%，還券時一次結算。

2. 信託機構收取的其他費用，開戶前可多比較

◎開戶費用：首次開辦股票信託服務時會有開戶費用，例如合庫每戶收取 1,000 元。

◎權益補償處理費：股票出借期間，若遇到除權息，借券人會依權益補償機制返還股利；有些信託機構會從中收取每次 5% 的處理費，有些則不收取。

◎信託管理費：在股票信託並出借期間，有些信託機構會收取每年 0.2% 的信託管理費，有些則不收取，像是合庫並不收取這項費用。

借券費率太低，可能得不償失

根據證交所規定，只有上市櫃股票才能借券，而且不是每一檔都能借，原則上是已經符合可融資券條件的股票才可以。以 2016 年 1 月的統計，台灣的上市櫃公司有 1,500 多檔，能夠借券的股票實際只有 1,300 多檔，可先到證交所網站查詢

你的持股是否為合格標的（查詢方法詳見第 227 頁）。

另外，借券費率的範圍是 0.1% 到 20%，實際出借費率普遍不會太高，要看市場需求而定（查詢方法詳見第 227 頁）。從證交所網站的歷史資料可以發現，有些股票的借券費率非常低；像是我曾經出借的股票，費率有 2%、4%、5% 跟 7% 不等。

如果費率低、借期長，信託收益通常會高於稅費。可是如果碰到只借券 7 天的，出借金額又只有 100 萬元，費率只有 0.5%，那麼計算下來，7 天的收入還不夠你付最低券商交易手續費。

優點2》出借仍可領股利，高所得者有節稅機會

有些人可能會擔心，股票借給別人，還能領到股利嗎？答案是肯定的。股票交付信託之後，不管是否出借成功，現金股利跟股票股利，你還是可以照領。主要分為以下 3 種狀況：

1. 最後過戶日當天股票尚未出借，仍留在你的信託帳戶中
◎股利：由於尚未出借，股利會直接配發到你的信託帳戶。

查詢可出借股票、出借費率歷史資料

Step⓵ 前往台灣證券交易所網站首頁，點選❶「產品與服務」→❷「有價證券借貸」→❸「借券資訊」後，再點選❹「借券資訊」。

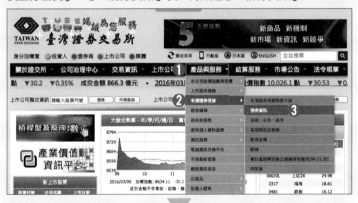

借券資訊

借券成交不等於借券放空

　　借券與借券賣出實為兩個不同的交易行為，「借券」為有價證券借貸行為，僅指出借人將有價證券出借給借券人，賺取借券費收益，而借券人借券目的除為放空外，亦可從事避險、套利等策略性交易或為還券、履約之用。故投資人借入證券不一定馬上會在證券市場賣出，借券成交不等於借券放空，如欲瞭解借券放空情形，應查詢借券後在證券市場上實際賣出數量。相關名詞說明如下：

1. 「借券成交」數量係指當日投資人透過證交所借券中心或向證券商、證金公司借入之證券數量。
2. 「借券餘額」係指所借入證券尚未返還之數額；即本日「借券成交」數量加計累計至前一日尚未返還之數額再減除本日還券數量後之數額。
3. 「借券賣出」數量係指當日投資人將已借入之證券在證券市場賣出之數量。
4. 「借券賣出餘額」係指本日「借券賣出」數量加計累計至前一日尚未回補之數額再減除本日借券賣出回補數量後之數額。

本網頁提供「借券」資訊，查詢請按此 借券資訊 ❹

「借券賣出」資訊請至 首頁 > 交易資訊 > 盤後資訊 > 當日融券賣出與借券賣出成交量值 查詢。
首頁 > 交易資訊 > 融資融券與可借券賣出額度 > 融券借券賣出餘額

續接下頁

Step2 點選❶「標的證券」，即可看到可出借的股票；點選❷「歷史借券成交明細查詢」，可查看先前各交易日的股票❸「成交費率」。

成交日期	證券代號名稱	交易方式	成交數量（交易單位）	成交費率	成交日收盤價	約定還券日期	約定借券天數
105/02/16	00639 深100	競價	10	2.00	9.89	105/08/16	182
105/02/16	1101 台泥	議借	214	0.01	28.25	105/08/16	182
105/02/16	1101 台泥	議借	970	0.01	28.25	105/08/16	182
105/02/16	1102 亞泥	競價	179	0.60	26.80	105/08/16	182
105/02/16	1102 亞泥	競價	143	0.60	26.80	105/08/16	182
105/02/16	1102 亞泥	競價	125	0.60	26.80	105/08/16	182
105/02/16	1102 亞泥	議借	129	0.01	26.80	105/08/16	182
105/02/16	1102 亞泥	議借	146	0.01	26.80	105/08/16	182
105/02/16	1102 亞泥	競價	204	0.60	26.80	105/08/16	182
105/02/16	1216 統一	競價	105	0.60	56.50	105/08/16	182
105/02/16	1216 統一	競價	519	0.60	56.50	105/08/16	182
105/02/16	1216 統一	競價	48	0.60	56.50	105/08/16	182
105/02/16	1216 統一	議借	201	0.01	56.50	105/08/16	182

資料來源：證交所　　整理：楊禮軒

◎報稅：股利收入仍屬於股利所得，因此你必須在隔年申報綜合所得稅。

2. 股票已出借，最後過戶日當天，由借券人持有股票

◎股利：配發給借券人，但是借券人會透過權益補償機制，將股利返回到你的信託帳戶。

◎報稅：股利收入仍屬於股利所得，因此你必須在隔年申報綜合所得稅。

3. 股票已出借，最後過戶日之前，借券人已賣出股票，股票由第三人持有

◎股利：配發給借券人所出售的第三人，但是借券人仍會透過權益補償機制，將股利返回到你的信託帳戶。

◎報稅：這筆股利收入，屬於證券交易所得，無須申報。

若剛好遇到第 3 種情況，對於所得稅率較高者有節稅效果。假設你某年領取 B 股票的股利為 200 萬元，且剛好適用最高的綜合所得稅率 45%，那麼申報股利所得時，就得被狠狠剝一層皮。不過，若你將股票成功出借，且於除權息最後過戶日之前已被借券人賣出，借券人補償給你的 200 萬元現金股利，

是完全免稅的。必須注意的是，有信託機構對於股利的權益補償，會從中收取處理費，通常為權益補償金額的 5%。若是股

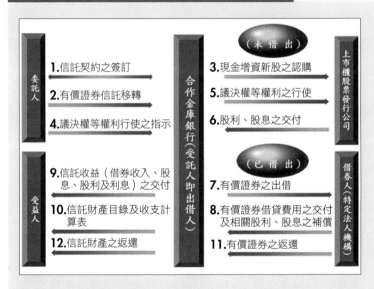

借券信託流程——以合作金庫銀行為例

委託人
1.信託契約之簽訂
2.有價證券信託移轉
4.議決權等權利行使之指示

合作金庫銀行（受託人即出借人）

（未借出）
3.現金增資新股之認購
5.議決權等權利之行使
6.股利、股息之交付

上市櫃股票發行公司

受益人
9.信託收益（借券收入、股息、股利及利息）之交付
10.信託財產目錄及收支計算表
12.信託財產之返還

（已借出）
7.有價證券之出借
8.有價證券借貸費用之交付及相關股利、股息之補償
11.有價證券之返還

借券人（特定法人機構）

本圖以我與合作金庫的借券信託流程為例，按各個流程解說：

開立信託專戶

流程 1》我是股票持有人，扮演委託人角色，與合作金庫簽訂信託契約。
流程 2》我將持有股票委託並撥付給合作金庫為我開設之專戶，專戶名稱：「合作金庫信託專戶——楊禮軒」。

票只出借 1 個星期，且剛好遇到除權息，借券收入可能還不夠付 5% 的費用；但也有信託機構不對此收費，開戶前可以先向專員詢問清楚。

信託股票未借出，會遇到的狀況

流程 3》股票信託後尚未出借，那麼上市櫃公司有任何現金增資之事項，則會轉知合作金庫，並由合作金庫詢問你是否參與增資。

流程 4》股票信託且尚未出借期間，遇有股東會等事項，則委託合作金庫行使議決權利。

流程 5》實務上，如果我想參加股東會，合庫會在股東會開會通知單上簽署委託書，由我自行前往與會。

流程 6》股票信託後尚未出借，除權息後，股利直接由合庫撥付至我的信託帳戶。

信託股票借出，會遇到的狀況

流程 7》股票信託後，成功出借給借券人。

流程 8、9、11》信託股票出借後，按日計算借券收益，還券時，借券人先交付給合庫，再由合庫交付給我。股票出借期間，現金股利及股票股利，會由借券人透過「權益補償」機制返回委託人。

流程 10》股票出借後，合庫都會把出借報表透過電子郵件寄給我，每月還有信託財產目錄及收支計算表的月結單。

流程 12》若我想解除信託合約，或減少信託股票數量，合庫會將股票撥付回我的集保帳戶。

資料來源：合作金庫銀行　　整理：楊禮軒

4-4
解開借券4疑問
輕鬆賺取零用金

你可能常在電視節目或新聞中聽到:「某外資借券放空某股票,股價走跌」,因此許多人看到「借券」二字,就會聯想到股價崩跌,甚至懷疑我們出借股票,是不是股市下跌的幫凶?

我們知道,一般散戶如果不想買進整張股票賣出,可以透過「融券」,向券商借股票來賣出,但外資不能融券,只能借券,因此借券被視為外資看空股票的參考指標。我甚至有些朋友會花錢買觀察借券技術平台的會員資格,雖然我是長期投資,不太關心短期的技術面,但為了解借券的用途,我也做了一些觀察,本文就來談談借券最常出現的疑問。

疑問1》**我的股票出借後,會導致股市下跌嗎?**
解答:外資借券,放空不是唯一目的

借券人把股票借走,目的不只是為了放空,證交所在網站上

也有明確指出，「借券與借券賣出實為兩個不同的交易行為，『借券』為有價證券借貸行為，僅指出借人將有價證券出借給借券人，賺取借券費收益。而借券人借券目的除為放空外，亦可從事避險、套利等策略性交易或為還券、履約之用。投資人借入證券不一定馬上會在證券市場賣出，借券成交不等於借券放空。」

也就是說，外資借券之後，可能的用途如下：

1.**借券鎖籌碼，反而拉抬股價**：我曾經出借聚陽（1477），成交當日的收盤價是 140 元，但是股價並沒有隨之下跌，反而持續拉抬到近 300 元。出借期間，僅有股東會召開及除權息時還券，可能因為聚陽股本小、市場籌碼少，因此外資透過借券鎖住市場籌碼，也利於股價拉抬。

2.**外資資金暫泊**：彭總裁（中央銀行總裁彭淮南）不喜歡外資炒匯，只要資金流進台灣不買股、債，彭總裁就會請外資喝咖啡。所以，外資的資金停泊在台灣時，也喜歡借一些基本面穩定的個股當作庫存，風險低，成本更低（因為借券是按日計息）。

3. 可轉債套利：許多個股會發行「可轉債（Convertible Bond）」，簡單說，這是一種附帶轉換權利的公司債券，持有人持有到期時可賺取利息；如果不想持有到期，也可以在約定時間，按約定的轉換比率轉換成該公司股票。

像是當個股的股價上漲、可轉債換成股票會有價差可賺時，就出現了套利空間。不過可轉債申請轉換成股票時間差約一週，所以當股價達到高點時申請可轉債轉換成現股，到拿到現股時通常需約一週時間，如果股票跌了，搞不好沒有價差可賺，還虧本。所以若能在股價高點時借券賣出，等可轉債換現股上市日再以現券償還，這樣可以確保賺取價差。

4. 心理戰：歷史典故中，《孫子兵法》有句話：「善用兵者，屈人之兵而非戰也」，意思是說，懂得用兵的人，會善於使敵人屈服。三國時代的名將馬謖，深受諸葛亮信任，馬謖有次出征前就提出「用兵之道，攻心為上，攻城次之；心戰為上，兵戰次之」的戰略，意思也是說，打心理戰是最好的勝利之道，比起打仗更好。

同樣的道理放到股市，假設我就是外資，我知道大家都認為

借券量大就代表看空，那麼我不妨花個小錢，用以日計費的利息借一些股票，這樣其他人就會以為股價要跌了而紛紛賣出股票，使得股價加速崩跌。這樣一來，就可以輕易創造一天7%、10%的下跌空間，同時運用其他手段如期貨、選擇權做空；而我借券一天的成本，只有按日計算的利息錢，假設年費率2%，一天的費率只有2%／365＝0.0054%，可好賺呢！

5. **放空**：這就是大家最擔心的，外資借券後在市場上賣出，若連續數日有大幅借券賣出，就會讓個股出現賣壓，導致股價下跌。不過我長期持有、出借的股票，是具有穩定基本面的民生必需股，外資對於放空這種股票也不太有興趣吧！

若是真的被拿去放空而造成短期股價下跌，我也不擔心，畢竟我是要長期持有領股利，我唯一要擔心的是公司有獲利衰退、配不出像樣的股利。

舉個例子，退休後我開始自己種植青菜，因為我想自己吃，我知道我要選擇多年生（生命超過2年）的青菜來栽種。我只要每天花一點時間澆水、抓蟲，青菜會每天自己長大，而且我種植的還是比較沒有蟲害的青菜。直到我需要的時候，再去

採收即可,因此我只要擔心它們會不會生病,根本不用擔心現在菜價是下跌還是上漲。

疑問2》**股票出借後,有可能拿不回來嗎?**
解答:不會,證交所會買回股票還給出借人

交付信託的股票,透過證交所借券系統,以競價交易借出後,是由證交所保證借貸契約的履行。若是借券人沒有依約返還,證交所必須代位買回股票,並且還給出借人,所以相當具有保障。

若是證交所在借券人違約發生後,連續兩個營業日無法買回股票,那麼就會按第二個營業日的收盤價,以現金還給出借人。

疑問3》**提前要求返還,要付違約金嗎?**
解答:借券一次為半年,提前要求返還毋須支付違約金

按規定,借券一次時間為半年,半年期滿,借券人可以再續借一次,最多合計一年一定要返還。借券人可以隨時提前還

券，出借人也可以要求提前返還，雙方都不需要支付違約金。

我說過，股票能否出借，主要取決於市場需求；特別是外資的套利避險等需求，或剛好股票有題材時（增資認股、發行全球存託憑證 GDR、可轉債等），因此，實務上經常可遇到外資借走股票，沒多久就又還回來。根據我來往的合庫專員解釋，股票真的被借出達半年，算是少數，先前我曾借出的大豐電（6184）、聚陽（1477），算是比較特別，不但被借滿半年，還被要求續借。

疑問4》**哪類股票比較容易出借？**
解答：3類股票易出借，且出借券量多者較優先

根據我的觀察，若具有以下 3 點特色，比較容易出借：1. 可轉債有套利空間、2. 股價短期變動大，外資可放空、3. 股本小，市場籌碼較少。

再來，我在上一章有教大家計算借券所需支付的稅費（詳見4-3），如果出借的張數少、股價又低、出借天數短，那麼很可能你的借券收入還不夠支付稅費。

從借券人的角度來看也一樣，像是「證券商手續費」這個項目，費率雖然一樣跟出借人一樣是 0.4%，但是出借人每筆的最低門檻是 100 元，借券人則是 1,000 元；因此當借券人有大量需求，除非市場很缺券，會以券多的優先。

　　例如 A 外資需要 50 張股票，看到甲可以出借的是 20 張，乙可以出借的是 30 張，丙可以出借的是 50 張，那麼 A 外資自然會選擇跟丙借，這樣就只需要支付一筆手續費。

　　另外，外資借券還會考量券的穩定性，以及信託銀行的服務水準。因為如果把券借走之後，出借方不時要求提前還券，那麼，應該沒有人會想借這樣的券。所以建議，若有興趣出借股票，最好是長期投資、不打算動的股票；不要明明是短線交易，卻又把股票拿去信託，這樣會被銀行列為拒絕往來戶。

查詢借券與借券賣出資訊

1.查詢個股借券資訊

Step1 連結證交所網站首頁（www.twse.com.tw），點選→❶「產品與服務」→❷「有價證券借貸」→❸「借券資訊」→❹「借券餘額表」。

Step2 「本日異動」的❶「借券」代表當日的該個股有多少股數被借走，「還券」代表當日返還的股數。❷「本日借券餘額」則為目前該個股被借券的股數。以台灣50（0050）為例，2016年2月16日，當天沒有借券或還券的紀錄，而市場上被借券的股數共有3,997萬4,000股（3萬9,974張）。

		本日異動 股				借券餘額市值	
證券代號	前日借券餘額 (1)股	借券(2)	還券(3)	本日借券餘額 股 (4)=(1)+(2)-(3)	本日收盤價 (5)單位:元	單位:元 (6)=(4)*(5)	市場別
0050 台灣50	39,974,000	0	0	39,974,000	60.25	2,408,433,500	集中市場
0061 寶滬深	754,000	0	0	754,000	15.60	11,762,400	集中市場
006205FB上証	21,487,000	0	0	21,487,000	26.78	575,421,860	集中市場
006206元上證	430,000	0	0	430,000	25.00	10,750,000	集中市場
006207FH滬深	166,000	0	0	166,000	20.12	3,339,920	集中市場
00633L上証2X	660,000	0	0	660,000	26.26	17,331,600	集中市場
00636 CFA50	160,000	0	0	160,000	15.53	2,484,800	集中市場
00637L滬深2X	2,461,000	0	0	2,461,000	9.74	23,970,140	集中市場
00639 深100	1,352,000	10,000	0	1,362,000	9.89	13,470,180	集中市場
00643 深中小	15,000	0	0	15,000	15.35	230,250	集中市場
1101 台泥	94,189,000	1,184,000	970,000	94,403,000	28.25	2,666,884,750	集中市場
1102 亞泥	83,083,000	275,000	0	83,358,000	26.80	2,233,994,400	集中市場
1103 嘉泥	1,773,000	0	0	1,773,000	9.26	16,417,980	集中市場

表頭：2016 年 02 月 16 日 證交所借券系統借券餘額表

續接下頁

2.查詢個股借券賣出資訊

Step1 連結證交所網站首頁,點選❶「交易資訊」→❷「融資融券與可借券賣出額度」→❸「融券借券賣出餘額」。

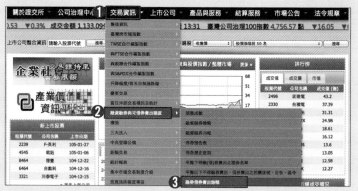

Step2 觀看「借券賣出」這欄,當中的❶「前日餘額」,代表累計至前一個交易日,共有多少股數被借券賣出。❷「當日賣出」、「當日還券」,分別代表當日借券賣出、還券的股數。❸「當日餘額」則為累計至當日,有多少股數被借券賣出。以台灣 50(0050)為例,2016 年 2 月 16 日,當天沒有借券賣出或還券,而累積的借券賣出餘額共有 5,464 萬 9,000 股(5 萬 4,649 張)。

股票代號	股票名稱	前日餘額	賣出	買進	現券	今日餘額	限額	❶前日餘額	❷當日賣出	當日還券	❸當日餘額	今日可借券賣出限額	備註
0050	台灣50	4,539,000	56,000	62,000	0	4,533,000	345,625,000	54,649,000	0	0	54,649,000	2,851,425	
0051	中100	0	0	0	0	0	4,625,000	0	0	0	0	9,529	
0052	FB科技	0	0	0	0	0	2,000,000	0	0	0	0	3,660	X
0053	寶電子	0	0	0	0	0	3,872,000	0	0	0	0	4,033	
0054	台商50	0	0	0	0	0	4,781,000	0	0	0	0	2,460	X
0055	寶金融	158,000	0	0	0	158,000	22,038,500	0	0	0	0	117,726	
0056	高股息	110,000	5,000	0	0	115,000	98,758,500	1,000	0	0	1,000	653,281	
0057	FB摩台	0	0	0	0	0	2,131,750	0	0	0	0	16,900	X
0058	FB發達	0	0	0	0	0	1,299,000	0	0	0	0	2,400	X
0059	FB金融	0	0	0	0	0	1,743,250	0	0	0	0	1,820	

資料來源:證交所 整理:楊禮軒

活用省錢管道
能省的錢一毛都不放過

　　仔細想想，「算利」這樣的行為，除了用在存股，其實平常的生活裡，只要用到錢的地方，我也一定會想辦法算個清楚！該花則花，當省則省，對於合法的省錢管道，一毛錢都不能放過，這已經成為我的習慣和樂趣了。以下分別從抽股票、健保費、所得稅這 3 件事，分享我的算利心得：

管道1》**用定存質借參與新股抽籤**

　　很多朋友問我有沒有存款來因應生活急需？在我退休後，退休俸採每年 1 月、7 月兩次撥付，平常我只留用半年基本生活所需的費用（包含保險費、定存），並且分別設定 1、3 及 6 個月的定存，到期就會自動轉入活存帳戶。碰到大額非計畫性開銷，隨時可以採用賣股票的方式因應，因為我長期定期投資，所以買進的股價成本基本上都在市價以下，也不太需要擔心股價崩跌賣股賠價差的問題。

定存的好處是比活存利率更高，對於有抽股票習慣的人，還有一個不錯的用途——利用定存質借抽股票。

　　簡單說，抽股票就是參與新股抽籤，當有好公司實施現金增資發行新股，承銷價又比市價低很多，就能參與新股抽籤降低持股成本。

　　什麼是「定存質借」呢？就是利用既有的定存單當作質押，把錢借出來用。銀行通常規定質借最高金額是該筆定存的9成，期限跟定存到期日同一天，利率則是按該筆定存的年利率再加碼1.5個百分點，採取以日計息；銀行當月會結算利息，從活存帳戶裡扣除。不過，若是當天借還，則不用付利息。

　　我很少抽股票，除了我覺得不錯的股票才會參加，但我問了很多喜歡抽股票的朋友，他們都是把錢準備好，先停泊在活存帳戶裡，要抽的時候就直接用活存扣款。

　　活期存款的利率真的很低，現在大概只有0.3%左右。平常若是將這筆錢也放在定存，當需要抽股票的時候，就把錢質借出來繳款給券商；這樣只需要支付質借期間的利息，通常是

3～5天，成本相當低。

　　若沒有抽到股票，券商會扣除每筆 20 元手續費後歸還到帳戶裡。原本的定存則不用解約，定存利息還是會照樣算給我。真的抽到股票的話，就可以直接把定存解約，還錢給銀行。

　　以我在 2014 年申購聚陽（1477）股票的經驗，當時申購聚陽股票 1 張，申購價 10 萬 6,000 元（市價約 15 萬元），因為沒有抽中，從繳款日至退款期間，我共借了 5 天，5 天的利息成本為 42 元，但因為原本的利息照領，一年下來還是享有定存利息，計算方式如下：

　　1. 定存利息收益：1 年期定存利息＝本金 10 萬 6,000 元 × 利率 1.38%＝1,463 元

　　2. 定存質借利息支出：5 天定存質借利息＝本金 10 萬 6,000 元 × 質借利率 2.88%（該筆定存利率 1.38%＋1.5%）×5（天）／365（天）＝42 元（四捨五入至整數）

　　3. 合計利益：1 年合計利益＝原利息 1,463 元－質借利息

支出 42 元－股票抽籤手續費 20 元＝ 1,401 元

管道2》**預先申報扶養親屬，避免預扣所得稅**

根據 2015 年 1 月的綜合所得稅扣繳規定，固定薪資或是單筆年終獎金超過 7 萬 3,000 元，就會被預先扣繳所得稅。如果報稅時需要申報配偶及扶養親屬，那麼建議你可以在公司預先填報「薪資所得受領人扶養親屬申請表」，這有個好處──降低每月薪資被預先扣繳所得稅的機會。

不同薪資級距的扣繳標準不一樣，想知道詳細金額，可上網搜尋最新的「薪資所得扣繳稅額表」，以 2016 年度的版本為例，薪資為 7 萬 3,001 元～ 7 萬 3,500 元，若沒有扶養親屬，每月需扣繳 2,010 元。若有申報 1 名以上扶養親屬，則免扣繳。

這些被預扣的錢，隔年報稅時雖然可抵免所得稅或退稅，但是政府不會算利息給你。就算是 2,000 元也有時間價值，我寧願將錢留在身邊，可以每個月拿去零存整付，第 2 年繳稅時再領出定存本金，還可以多賺一點利息呢！

管道3》**善用健保費遞延繳納免息優惠**

我的大女兒妞妞出生後，太太就育嬰留職停薪，全職帶小孩（育嬰留職停薪前半年可領取本俸的 6 成薪，差不多是全薪的 3 成，之後則是半毛錢都沒有，所以全國軍公教人員，一年大概也只有 1,000 多人會請育嬰留職停薪，因為收入少了一大截），人事部門問我（當時我跟太太在同一間學校服務），太太的健保費要按月繳還是遞延，我當然選擇遞延；依據健保法規定可以遞延 3 年，而且遞延 3 年期間，健保費免付利息。但是延後繳納到底還有什麼好處啊？我來說給大家聽：

好處1》延後通膨影響

我太太每月健保費約 1,000 元，若能在 3 年後開始付第 1 筆健保費，因為通膨的關係，貨幣的實質購買力是下降的；我用購買力低於 1,000 元的貨幣，來償還 3 年前的健保費，就有賺到的感覺（但如果你是把錢留著，反而容易亂花錢的人，就不適用，還是按時繳納好了）。

好處2》可配合個人綜合所得稅的節稅規畫

如果你的收入不穩定，例如某些年度賺很多，稅率達到最高

級距 40%，並且報稅時是採取列舉扣除額的方式，那麼就可以將健保費集中到當年度繳清，因為在列舉扣除額中，健保費是可以全額扣抵的。多省下的稅，等於是幫健保費打折呢！

綜合以上所述，其實也可以套用在平時購買的商品上，如果商品的現金價格跟信用卡分期價合計數無差異，只要不是透支個人信用的狀況下，都可以選擇零息分期付款，讓資金可以幫自己創造更大的報酬。當然，前提還是你必須能掌握清楚收支狀況，嚴格執行還款喔！

管道4》**四口之家，可集中申報直系親屬健保**

關於健保還有一個小常識，我們每個月繳的健保費，可以附加眷屬（沒有工作收入的配偶或直系血親），由被保險人繳納。由於健保費也是按薪資所得分級計算，因此夫妻兩人若要幫父母或孩子繳健保費，看誰的薪水較低，就可以附加在誰的名下。

另外，但附加眷屬人數超過 3 個人時，最後只會以 3 個人的保險費計收。也就是說，如果兄弟姊妹各自成家，當父母退

休沒有收入時，兄弟姊妹不知道誰要負責健保費，可從 2 個重點判斷：

1. 誰的附加眷屬已達 3 人：因為第 4 人之後不收費，可以省下這筆健保費。

2. 誰的健保費比較低：選擇薪資、健保費最低的人依附，可將健保費降到最低，兄弟姊妹可再平均分攤所需繳納的健保費。

將直系血親及無職業配偶，集中在低所得附加保險，1 年節省的健保費也非常可觀。以我為例，我在職時，薪資比我太太高，所以女兒的健保依附在我太太名下，這樣兩個女兒的健保費就省下一半！1 年省下來的健保費共有 1 萬 2,000 元，相當於 12 張大台北瓦斯（9908）的股息（有關其他健保補助與附加眷屬的條件，中央健保署網站都有詳細資料，有需要者可上網查詢或就近詢問健保單位）。

計算零存整付可領利息

零存整付要到銀行辦理，以辦理當天的日期為未來每月扣款日期，定期存一筆錢，期滿本息一次領回。起存金額多以 1,000 元起跳，往上增加的金額則按銀行規定而有不同，有些規定增加單位為每 100 元，或每 1,000 元。

若要得知零存整付的利息，可上網試算，以下以「全國戶政網站」為例：

Step 1 進入「全國戶政網站」首頁（www.leadware.com/search/hrwebs.html），點選最下方❶「利率計算」，則會開啟「利率計算工具箱」頁面。

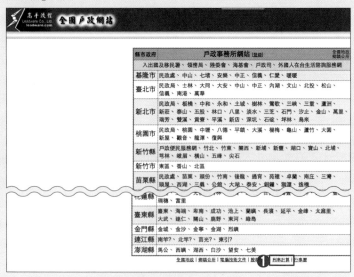

Step2 點選❶「零存整付」中的❷「月存」。

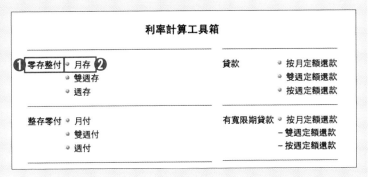

Step3 填寫存款的❶「期限」、❷「年利率」以及❸「每月存款」金額，並點選❹「到期本利和」旁的「計算」按鈕，即會出現結果。以存款1年、年利率1.23%、月存2,000元為例，計算出的本利和為2萬4,161元，也就是1年後可領回2萬4,000元本金外加161元利息；若是薪水先被扣繳，這161元就白白的消失了。

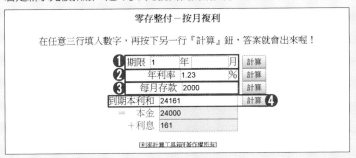

資料來源：全國戶政網站　　整理：楊禮軒

4-6
把錢花對地方
退休後反而賺更多

　　有個笑話說，通常豪宅主人為了賺更多錢，只能拚命工作，想要換取片刻悠閒；沒想到最常待在豪宅裡，坐在落地窗前、享受片刻悠閒的，不是自己，而是外籍幫傭。

　　回想過去的上班生活，每日都拖著疲累的身軀，急忙出門，開著車上高速公路，嘴裡還含著 7-Eleven 買的麵包或三明治；若沒有開車，則要騎車、換客運再換公車才能到上班地點，單程就要花 2 個小時。我也不禁思索，是不是該適時地轉換生活方式、過著悠閒陪伴家人的生活？

退休後開銷減少，生活品質卻提高

　　幸好我的存股計畫上了軌道，預期未來每年領到的股利，加上退休金，足以支撐全家人的生活。而且我也計算過，其實退休後，我的實質所得反而比退休前更多！簡單分析如下：

1.保母費

退休前：在夫妻都有工作期間，每日 6 點出門，晚上 6 點到家，以每日 12 小時計算，2 個小孩所需花用的保母費至少 4 萬元。

退休後：可以自行陪伴 2 個小孩，省去保母費。

2.交通費

退休前：若整個月都開車上班，每日來回路程約 80 公里，單日油錢及通行費約 320 元，每月 6,400 元。若是搭大眾交通工具上班，則單日所需花費約 200 元。另外，不管有沒有開車上班，每兩個月還是必須保養一次車，平均每月保養費也要花 3,000 元。

退休後：因為開車次數減少，改成半年保養一次，車子保養費平均每月可節省 2,000 元，加計節省的通勤費，每月可節省 8,400 元。

3.所得稅

退休前：根據我在 2014 年的報稅資料，2013 年度我的適用稅率為 12%，綜合所得稅應納稅額約 8 萬 4,000 元，加計扣繳及可扣抵稅額後，最後退稅近 2 萬元。

　　退休後：我在 2014 年 8 月退休，2015 年報稅時，因為還有計入 2014 年前 7 月的薪資收入，最後共退稅 6 萬 6,000 元。2016 年報稅時，少了薪資所得，而退休金在 75 萬 8,000 元以內又是免稅，因此適用的是稅率會是最低的 5%。若可扣抵稅率未減半，應可退稅約 12 萬元；但因為可扣抵稅率減半的因素，預估 2016 年大約可以退稅 6 萬元。

4.伙食費

　　退休前：在台北上班，三餐都是外食，基本上一天花個 300 元在伙食及飲料費是很正常的。

　　退休後：除非有出遊或是聚餐，否則平常都是在家開伙，全家人一天伙食費 500 元其實很夠用，1 個月至少省了 3,000 元的外食費。而且自己烹調，營養又健康，不用再吃外食或便利商店食品，還得擔心是否吃到來路不明的食材或添加物。

5.書籍費用

　　退休前：每個月平均會花 500 元買書。

　　退休後：若是看到想要收藏的書籍，我還是會購買，不過因為空閒的時間多了，有更多的時間看書，如果有想看但是不一定想買的書，我會直接透過桃園市的館際借閱預約借書，書籍

到館後，我再到桃園市龍潭區圖書館取書即可，也省下許多書錢。

另外，退休之前只有遇到假日，才能帶太太和小孩到餐廳用餐、出遠門遊玩，而假日期間，消費都特別貴，客人也特別多，風景區的停車位更是一位難求。但退休後，我就可以利用平日，找與信用卡合作的餐廳，使用買一送一優惠；由於兩個女兒身高還未達兒童收費標準，所以等於只要付一位大人的錢，卻能一家四口一起吃下午茶自助餐。像是我曾經到新竹國賓大飯店八方燴餐廳用餐，搭配優惠後，全家人一餐只要花 450 元～ 660 元之間，非常划算。

平日時間出遊，停車時可以不用人擠人；我會盡量挑一些免費的場館或風景區，假日就可以在住家附近的公園，享受悠閒的時光。

長途旅遊的住宿花費差距更大。因為女兒的年紀小，容易吵鬧，所以我都選擇住飯店，避免選擇民宿，以免隔音不好吵到其他房客。飯店的假日住宿費往往特別昂貴，因此退休後更可以避開假日，趁平日出遊，飯店住宿費只有假日的一半。

我 2 個女兒年紀僅 5 歲跟 2 歲，都不占床，雖然也可以訂四人房，但我大多訂雙人房，可省下房價差額上千元。通常我自己會帶一組行軍床（這張床是我當教官時，晚上睡辦公室時用的），要是覺得飯店的床不夠睡，就花個 1 分鐘把行軍床架起來自己睡。所以退休後，全家人的旅遊支出反而更精省，以國內旅遊花費約 1 年 20 萬元計算，預估至少省一半。

　　經過簡單估算，退休後我每月的開銷，共可節省約 6 萬

表1 **退休後，每月反節省逾6萬元開銷**
　　──退休後節省金額計算（每月）

	項目	平均每月節省金額（元）
1	兩個女兒保母費（每日12小時計算）	4萬
2	交通費	8,400
3	所得稅	3,300
4	伙食費	3,000
5	書籍費	500
6	國內旅遊費	8,300
	總計	**6萬3,500**

資料來源、整理：楊禮軒

3,500 元（詳見表 1），而我在職期間每月實領所得約 10萬 8,300 元（含年終獎金），扣除 6 萬 3,500 元，實質所得將僅剩下 4 萬 4,800 元；由於退休後可領的年度退休金已高於這個金額，等於我在退休後的實質所得更高！因此毅然決定在 41 歲時提前退休，把寶貴的時間用來陪伴家人。

奉行精省策略，讓生活更簡單充實

其實退休之前，為了及早實現財富自由，我不僅積極「開源」，也沒有忽略「節流」的重要性。所以平時我在生活中採取了一些小策略，不會衝擊原有的生活品質，卻能省下許多不必要的開銷。

策略1》買3C商品，新上市1年降價後再下手

我的消費觀念是「當用則用，當省則省」，買東西會多方考量，務求發揮最大效益。像是 3C 產品，我不買新上市的商品，畢竟科技日新月異，新款商品的生命週期愈來愈短，晚一點買，就能用較低的價格買到，但是品質不會打折。

以筆記型電腦為例，我喜歡買上市約 1 年左右的筆電，且

價格高於 1 萬 5,000 元，我就不會買。現在筆電的效能其實都很不錯，用來處理文書已經綽綽有餘。上市 1 年的筆電與新上市筆電的價差，最多可以達到 1 倍以上！所以我只要專心選擇我要的規格，價錢對了就可以下手。

同時，我也會注意能否搭配信用卡 24 期零利率的活動（前提是現金價跟分期價相同，若分期價比現金價貴，等於變相多收費，我也不會使用）。這樣我無須一次拿出整筆現金，先把錢拿去定存，還可以賺利息呢！每隔兩年，我會換一台新筆電，舊筆電則拿來當影音播放器，比 DVD 播放機還好用。

智慧型手機我也會 2 年換 1 支，因為我的資費是固定的，2 年合約一到，就向電信公司續約拿 0 元手機；反正我的資費沒有增加，手機不拿白不拿。若是合約還沒有滿期，又不小心把手機摔壞，我就會買公司的庫存機，但絕不花超過 4,000 元。摔壞的手機，若只是面板壞了但還是堪用，我也不會丟掉，留下來當導航機或音樂播放器也不錯。

策略2》省去飲料錢，反而更健康

很多人忽略了每天喝飲料花的費用，我平常出門時，會在車

上放一個裝滿水的大水壺，只喝開水，健康又省錢。其實飲料錢比油錢還貴，一杯超商的大杯熱拿鐵 65 元，可以讓我加 3 公升的油；我寧願把這錢用來加油，讓車子載我們全家出遊。

策略3》上網做功課，自己動手修繕

我喜歡把錢花在刀口上，家裡的東西壞了，只要能修我一定修。水管漏水了，我自己換水管；屋頂防水的小工程，我也自己做。過了保固期的電器產品，維修都需要收費，只要是比較不精密的電器，沒有危險性，我一定會先拆開來修看看。小的包含電捲門控制器、遙控器、相機等，大的像是冷氣、電視機、洗衣機、電鍋，加壓幫浦等，我都自己修復過。

雖然這些我都沒有學過，但現在網際網路非常方便，東西壞了就先上網查詢怎麼修理，大部分都是換換保險絲，或加點潤滑油即可，省錢又環保；若真的太過複雜，超出能力範圍，才會花錢修理。

策略4》列印請超商代勞，大幅降低成本

我原本有一台雷射印表機，2002 年買的，被我折磨到進紙的橡皮都龜裂了。本來有考慮再買一台，但是想想，一台彩色

雷射印表機，大概得花 2 萬元；等到碳粉用完了，還得再補買碳粉匣，彩色的一組也要 1 萬元左右，讓我相當猶豫。

後來，我發現 7-Eleven 有台 ibon 機器，就有提供列印的服務。只要把檔案存在隨身碟，或是存在雲端，ibon 就能讀取。一張 A4 尺寸的普通用紙，黑白 2 元，彩色 10 元，非常便宜，印出來的品質也令人滿意。

我把買印表機省下的 2 萬元，拿去買 6% 殖利率股票，一年有 1,200 元股息，彩色可以印 120 張，黑白可以印 600 張，以我的用量，都可以印 1 年了，還不用自己準備紙！就算印表機壞了，7-Eleven 也會修到好。每次列印完，我還能拿發票來對獎。我不但能夠留住 2 萬元，還可以拿利息錢去列印，實在一舉多得！

這幾年來我深深體會到，正確的投資行為，可以創造源源不斷的被動收入，提前達成財富自由的境地。若能選擇簡約的生活方式，放棄過度擁有與消費的欲望，則能獲得更實在與健康的人生。我很慶幸，自己能在多數人都還在為工作與家計所苦的年紀，就過著悠然自得的理想生活。期許讀者們能夠早一點

走上正確的理財路，10 年、20 年後，相信你也會成為同輩
朋友欣羨的對象。

國家圖書館出版品預行編目資料

算利教官教你:存股利滾利 年年領百萬 / 楊禮軒著.
-- 一版 .-- 臺北市：Smart 智富文化，城邦文化，民
105.03
面；　公分
ISBN 978-986-7283-69-6（平裝）
1. 證券投資 2. 利率
563.53　　　　　　　　　　　　　105003034

Smart 智富

算利教官教你　存股利滾利　年年領百萬

作者	楊禮軒
企畫	黃嫈琪

商周集團	
榮譽發行人	金惟純
執行長	王文靜

Smart 智富	
社長	朱紀中
總編輯	林正峰
攝影	翁挺耀
編輯主任	楊巧鈴
編輯	李曉怡、林易柔、邱慧真、胡定豪、施茵曼
	連宜玟、劉筱祺
美術編輯主任	黃凌芬
封面設計	廖洲文
版面構成	林美玲、張麗珍、廖彥嘉

出版	Smart 智富
地址	104 台北市中山區民生東路二段 141 號 4 樓
網站	smart.businessweekly.com.tw
客戶服務專線	（02）2510-8888
客戶服務傳真	（02）2503-5868
發行	英屬蓋曼群島商家庭傳媒股份有限公司城邦分公司

製版印刷	科樂印刷事業股份有限公司
初版一刷	2016 年（民 105 年）3 月
初版五刷	2016 年（民 105 年）8 月

ISBN	978-986-7283-69-6

Smart智富 讀者服務卡

為了提供您更優質的服務，《Smart智富》會不定期提供您最新的出版訊息、優惠通知及活動消息。請您提起筆來，馬上填寫本回函！填寫完畢後，免貼郵票，請直接寄回本公司或傳真回覆。Smart傳真專線：（02）2500-1956

1. 您若同意Smart智富透過電子郵件，提供最新的活動訊息與出版品介紹，請留下
   電子郵件信箱：＿＿＿＿＿＿＿＿＿＿＿＿＿＿＿＿＿＿＿＿

2. 您購買本書的地點為：□超商，例：7-11、全家
   　　　　　　　　　　□連鎖書店，例：金石堂、誠品
   　　　　　　　　　　□網路書店，例：博客來、金石堂網路書店
   　　　　　　　　　　□量販店，例：家樂福、大潤發、愛買
   　　　　　　　　　　□一般書店

3. 您最常閱讀Smat智富哪一種出版品？
   □Smart智富月刊（每月1日出刊）　　□Smart密技（每單數月25日出刊）
   □Smart理財輕鬆學　□Smart叢書　□Smart DVD

4. 您有參加過Smart智富的實體活動課程嗎？　□有參加　　□沒興趣　　□考慮中
   或對課程活動有任何建議或需要改進事宜：
   ＿＿＿＿＿＿＿＿＿＿＿＿＿＿＿＿＿＿＿＿＿＿＿＿＿＿＿＿＿＿
   ＿＿＿＿＿＿＿＿＿＿＿＿＿＿＿＿＿＿＿＿＿＿＿＿＿＿＿＿＿＿

5. 您希望加強對何種投資理財工具做更深入的了解？
   □現股交易　　□當沖　　□期貨　　□權證　　□選擇權　　□房地產
   □海外基金　　□國內基金　　□其他：＿＿＿＿

6. 對本書內容、編排或其他產品、活動，有需要改善的事項，歡迎告訴我們，如希望Smart
   提供其他新的服務，也請讓我們知道：
   ＿＿＿＿＿＿＿＿＿＿＿＿＿＿＿＿＿＿＿＿＿＿＿＿＿＿＿＿＿＿
   ＿＿＿＿＿＿＿＿＿＿＿＿＿＿＿＿＿＿＿＿＿＿＿＿＿＿＿＿＿＿

您的基本資料：（請詳細填寫下列基本資料，本刊對個人資料均予保密，謝謝）

姓名：＿＿＿＿＿＿＿＿＿　　性別：□男　□女

出生年份：＿＿＿＿＿＿＿　　聯絡電話：＿＿＿＿＿＿＿＿＿

通訊地址：＿＿＿＿＿＿＿＿＿＿＿＿＿＿＿＿＿＿

從事產業：□軍人　□公教　□農業　□傳產業　□科技業　□服務業　□自營商
　　　　　□家管

● 填寫完畢後請沿著右側的虛線撕下。

104 台北市民生東路2段141號4樓

行銷部 收

●請沿著虛線對摺,謝謝。

書號:2BB050

書名:算利教官教你 **存股利滾利 年年領百萬**